（第4辑）

唐 诗

文 景 编著

中国人口出版社
China Population Publishing House
全国百佳出版单位

中国是一个诗的国度，诗歌创作有着悠久的历史。唐代是诗歌创作的繁荣时期，诗人队伍空前扩大，从帝王到百姓，只要具有一定的文化修养，都热情地进行诗歌创作，这是历史上从未有过的事情。正因为诗人来自社会各个阶层，对社会情况较前人有更深刻的了解和体验，所以他们结合自身的经历，创作出丰富多彩的诗歌，从而使唐诗成为中国文学殿堂里一朵靓丽的奇葩。

唐诗中的许多作品都呈现出诗意高度集中、意境单纯明净的特点，这正是人们喜爱它们的重要原因。而且唐诗的题材丰富，内容广泛，有的吟咏山川田园之美，有的描写边塞将士英勇气概，有的记述民间疾苦和百姓愿望，有的抒发个人志向与远大抱负，有的表达人们之间美好情感。一首首绚丽多彩的诗篇犹如面面镜子，反映了当时的社会生活，映照出人们的心灵。

不仅如此，唐诗言简意赅，或明白晓畅，或含蓄深沉，它用音韵和谐的语言，再现了当时人们精神变化的心路历程。儿童如果从小诵读唐诗，不仅有利于陶冶情操，还可以开阔视野，增长知识，并对涵养性情，提高文学修养具有积极的意义。

本书精选近180首唐诗，为方便阅读，我们对本书进行了精心编排：原诗加注拼音，便于吟咏诵读；作者简介和注释便于了解作者情况和扫除阅读障碍；解说包括译文和点评两部分，帮助读者领悟唐诗优美如画的意境和内在的丰富情感。尤其值得一提的是，该书所配插图，或为历代名家所绘唐诗意境图，或为名家所书唐诗墨迹，或编者精心挑选与唐诗意境较为相配的历代名画。这些插图画面精美，意境深远，诗意与画境相得益彰，加之新颖的编排方式，从而使画中有诗，诗中有画，便于深入理解和欣赏唐诗。如果小朋友能对这些经典唐诗熟读成诵，一定会终生记忆，并在不知不觉中出口成章，受用无穷。

目录

CONTENTS

唐三彩骆驼载乐佣

唐白瓷莲瓣灯座

唐开元通宝铜钱

唐花釉瓷壶

唐鎏金舞马衔杯纹银壶

唐三彩盖罐

唐狮纹金花银盘

唐永安五男背四灵花钱

唐黑釉三彩马

唐三彩骑卧驼俑（局部）

唐花鸟人物螺钿铜镜

清人绘《历代名人像解》中的虞世南画像

作者简介

虞世南（558～638），唐初书法家、文学家。字伯施，越州余姚（今属浙江）人。书法外柔内刚，笔致圆融遒丽，与欧阳询、褚遂良、薛稷并称为唐初四大书家。能文辞，诗多应制之作，文辞典丽。

chán
蝉

虞世南

chuí ruí yǐn qīng lù　liú xiǎng chū shū tóng
垂绥饮清露❶，流响出疏桐❷。

jū gāo shēng zì yuǎn　fēi shì jí qiū fēng
居高声自远，非是藉秋风❸。

注释

❶绥：本指帽带，这里指蝉的触须。
❷流：流布，传布。疏桐：高大的梧桐。
❸藉：凭借。

解说

蝉儿垂下触须正在啜饮清纯的露水，响亮的叫声从高大的梧桐树上向周围传开。蝉儿身居高处，叫声自然传得很远，并不是因为借助了秋风的力量。此诗是唐代最早的咏蝉诗，借蝉抒怀，说明一个品格高洁的人，不必借助外力，名声自然能流传四方，表达出对内在品格的热情赞美和高度自信。

清蒋廷锡绘《柳蝉图》

清人绘《历代名人像解》中的骆宾王画像

作者简介

骆宾王（约638～？），唐代文学家。婺州义乌（今属浙江）人。与王勃等以诗文齐名，为“初唐四杰”之一。其诗以七言歌行见长，多悲愤之词。又善骈文。

yú yì shuǐ sòng rén yì jué

于易水送人一绝[1]

骆宾王

cǐ dì bié yān dān[2]，zhuàng shì fà chōngguān。
此地别燕丹，壮士发冲冠。

xī shí rén yǐ mò[3]，jīn rì shuǐ yóu hán。
昔时人已没，今日水犹寒。

清马骀绘骆宾王《于易水送人一绝》诗意图

注释

❶易水：河流名，发源于今河北省易县境内。❷燕丹：燕国的太子，名丹。战国时，他曾在易水河畔送荆轲去刺杀秦王（即后来的秦始皇）。❸没：通“殁”，死。

解说

荆轲当年曾在这儿告别燕太子丹去刺杀秦王，临别之际，他怒发冲冠，慷慨激昂。如今，古代的壮士早已不在人世，而易水河依旧像当年一样冰冷。这是一首不同寻常的送别诗，全诗追思古代英雄，抒发作者壮怀激烈的豪情，读来令人荡气回肠。

清吴历绘《人物故事图册》之一，根据《史记·刺客列传》记载，描绘荆轲去刺杀秦王，燕太子丹在易水河畔送别的悲壮场景

yǒng é
咏鹅

骆宾王

é é é qū xiàng xiàng tiān gē
鹅鹅鹅，曲项向天歌。
bái máo fú lǜ shuǐ hóng zhǎng bō qīng bō
白毛浮绿水，红掌拨清波。

解说

大白鹅呀大白鹅，弯着脖子仰天欢歌。洁白的身躯漂浮在碧绿的水面上，红红的脚掌拨动着清清的水波。这首诗语言清新简单，生动地描绘了白鹅游水时的情景，不仅写得生动逼真，而且充满天真的童趣。

宋徽宗绘《红蓼白鹅图轴》（局部）

作者简介 李峤（约645～约714）：唐代诗人。字巨山，赵州赞皇（今属河北）人。20岁考中进士，与同乡苏味道齐名，合称“苏李”；又与苏味道、崔融、杜审言并称“文章四友”。为诗讲求声律，多咏物之作。

fēng
风

李　峤

jiě luò sān qiū yè　néng kāi èr yuè huā
解落三秋叶❶，能开二月花❷。
guò jiāng qiān chǐ làng　rù zhú wàn gān xié
过江千尺浪，入竹万竿斜。

注释

❶解：能够，会。三秋：秋季的三个月，泛指秋天。❷二月：农历二月，指春天。

解说

它能吹落秋天的树叶，能吹开春天的百花。吹过江面时，可以掀起千尺高的巨浪；吹入竹林时，可以使千万枝竹子倾斜。全诗没有出现一个“风”字，但读后仿佛可以听到满纸都是飒飒的风声，可谓形象至极。

明黄凤池编《唐诗画谱》中的李峤《风》诗意图

清人绘《历代名臣像解》中的王勃画像

作者简介

王勃（约649～676）：唐代文学家，“唐初四杰”之一。字子安，绛州龙门（今山西河津）人。其诗长于五律，偏于描写个人经历，多思乡怀人、酬赠往还之作，风格较为清新流丽。其文多为骈体，重辞采而有气势。

sòng dù shào fǔ zhī rèn shǔ chuān

送杜少府之任蜀川❶

王　勃

chéng què fǔ sān qín　fēng yān wàng wǔ jīn
城阙辅三秦❷，风烟望五津❸。
yǔ jūn lí bié yì　tóng shì huàn yóu rén
与君离别意，同是宦游人❹。
hǎi nèi cún zhī jǐ　tiān yá ruò bǐ lín
海内存知己，天涯若比邻。
wú wéi zài qí lù　ér nǚ gòng zhān jīn
无为在歧路❺，儿女共沾巾❻。

注释

❶少府：官名，即县尉。❷城阙：指都城长安。三秦：泛指长安附近的关中之地。❸五津：五个渡口，泛指四川，即杜少府要去的地方。❹宦游：离家在外做官。❺歧路，岔路，指分手之处。❻沾巾：眼泪沾湿衣襟。

明刻本《三才图会》中的《关中》地理图

解说

在雄踞三秦之地的长安，遥望千里之隔的四川，风烟迷蒙。你我同是背井离乡在外做官，这次分别又何必伤感呢？四海之内有你这么个知心朋友，即使远在天涯海角也像近邻一般。可不要在分手的岔路口，像惜别的青年男女那样泪洒衣襟呀！此诗摆脱了一般送别诗的俗套，不仅表达了诗人对好友的深情厚谊，也表现出诗人积极进取的人生态度，以及豪迈的气概和宽阔的胸襟。

南宋夏圭绘《长江万里图》（局部）

清人绘陈子昂画像

作者简介

陈子昂（659~700）：唐代文学家。字伯玉，梓州射洪（今属四川）人。为诗标举汉魏风骨，强调兴寄，反对柔靡之风。所作《感遇》等诗，指斥时弊，抒写情怀，风格高昂清峻，是唐代诗歌革新的先驱者，对唐诗发展颇有影响。

dēng yōu zhōu tái gē

登幽州台歌❶

陈子昂

qián bú jiàn gǔ rén，hòu bú jiàn lái zhě

前不见古人，后不见来者。

niàn tiān dì zhī yōu yōu，dú chuàng rán ér tì xià

念天地之悠悠❷，独怆然而涕下❸。

明程大约撰《程氏墨苑》卷七《墨苑物华》中的《黄金台》

注释

❶幽州台：又名蓟北楼，传说中燕昭王为招纳贤才所筑的黄金台。❷悠悠：无穷无尽。❸怆然：伤感的样子。

解说

既赶不上遇到前代的贤明君主，也来不及相逢后代的圣贤之王。登台眺望，只觉得宇宙苍茫无边，个人渺小孤单，想到生不逢时的我，真叫人悲从中来，伤怀落泪。全诗以深邃的时空对比，强烈地抒发了诗人忧国忧民的愁思和怀才不遇的情绪，语言简朴而苍劲，格调慷慨而悲壮。

明刻本《三才图会》中的贺知章画像

作者简介

贺知章（659～约744）：唐代诗人。字季真，自号“四明狂客”，越州永兴（今浙江杭州萧山区）人。好饮酒，性狂放，与李白友善；与张若虚、张旭、包融合称“吴中四士”。其诗多祭神乐章和应制诗；写景之作，较清新通俗。

huí xiāng ǒu shū

回乡偶书

贺知章

shào xiǎo lí jiā lǎo dà huí　xiāng yīn wú gǎi bìn máo cuī

少小离家老大回❶，乡音无改鬓毛衰❷。

ér tóng xiāng jiàn bù xiāng shí　xiào wèn kè cóng hé chù lái

儿童相见不相识，笑问客从何处来。

注释

❶老大：年老时。❷衰：疏落，指头发稀少。

解说

年少时离开家乡，直到年老时才回来，虽说乡音没变，可头发已稀疏花白。村里的孩子们见了我都不认识，围上来笑着问我是从哪里来的。该诗截取富有戏剧性的细节，描写久居他乡，年老回乡时对沧桑岁月的感慨，语言质朴，极富生活情趣。

清钱慧安绘贺知章《回乡偶书》“儿童相见不相识，笑问客从何处来”诗意图

咏柳

yǒng liǔ

贺知章

bì yù zhuāng chéng yí shù gāo, wàn tiáo chuí xià lǜ sī tāo
碧玉妆成一树高[1]，万条垂下绿丝绦[2]。
bù zhī xì yè shuí cái chū, èr yuè chūn fēng sì jiǎn dāo
不知细叶谁裁出，二月春风似剪刀。

注释

❶碧玉：形容柳叶的颜色如青绿色的玉石。❷丝绦：用丝织成的带子，这里借来形容柳条的柔嫩轻盈。

解说

嫩叶像一片片碧玉装扮了高高的柳树，千万条柳枝犹如低垂的绿色丝带。不知细长的叶片是谁裁剪出来的，那二月的春风恰似一把锋利的剪刀啊！这是一首咏物诗，语言朴实无华，由于运用了新奇的想象和生动的比喻，因此将初春柳树的优美姿态刻画得充满生机。诗人通过柳树颂扬春的活力，立意新巧。

佚名绘《柳燕图》

清郑培绘《柳燕图》

作者简介

张说（667~731）：唐代大臣。字道济，洛阳（今属河南）人。擅长文辞，朝廷重要文件多出其手，与许国公苏颋并称为“燕许大手笔”。也擅长作诗，被贬岳阳时的作品尤为工巧。

sòng liáng liù zì dòng tíng shān

送梁六自洞庭山❶

张说

bā líng yí wàng dòng tíng qiū　rì jiàn gū fēng shuǐ shàng fú
巴陵一望洞庭秋❷，日见孤峰水上浮。
wén dào shén xiān bù kě jiē　xīn suí hú shuǐ gòng yōu yōu
闻道神仙不可接❸，心随湖水共悠悠。

注释

❶洞庭山：即君山，在洞庭湖中。❷巴陵：今湖南岳阳。❸接：接近。

解说

从岳阳放眼望去，洞庭湖一片秋色，每天只见君山孤零零地漂浮在水面上。听说湖中的神仙凡人无法接近，思念的心情如同洞庭湖水悠远深长。这是一首送别之作，通过简单的素描，由虚到实，由景及情，反复表现朋友间依依惜别的深情。

明刻本《三才图会》中的洞庭山图

清石涛绘张说《送梁六自洞庭山》诗意图

清人绘《历代名人像解》中的张九龄画像

作者简介

张九龄（673或678～740）：唐代大臣，诗人。字子寿，韶州曲江（今广东韶关西南）人，开元时期著名宰相，主张用人不拘一格。后为奸相李林甫诬陷，罢相。所作《感遇诗》，抒怀感事，以格调刚健著称。

望月怀远
wàng yuè huái yuǎn

张九龄

hǎi shàng shēng míng yuè，tiān yá gòng cǐ shí
海上生明月，天涯共此时❶。

qíng rén yuàn yáo yè，jìng xī qǐ xiāng sī
情人怨遥夜❷，竟夕起相思❸。

miè zhú lián guāng mǎn，pī yī jué lù zī
灭烛怜光满❹，披衣觉露滋❺。

bù kān yíng shǒu zèng，huán qǐn mèng jiā qī
不堪盈手赠❻，还寝梦佳期❼。

注释

❶天涯：天边，远方。❷情人：多情的人。❸竟夕：整夜。❹怜：爱惜。❺滋：沾湿。❻盈手：满手。❼佳期：指有情人相聚的美好时刻。

清沙馥绘《桐月怀人图》

清袁耀绘《春台明月》图

解说

海上升起皎洁的明月，远隔天涯的有情人都在翘首仰望。多情人抱怨长夜漫漫，整个晚上都会相思难眠。因为爱惜满屋的月光而把蜡烛吹灭，披上衣服走出门庭，时间长了，露水沾湿衣襟。无法手捧月光送给你，不如回房睡觉，希望能在梦中与你相聚。这是一首月夜怀念远方情人的诗，通过对深夜人物活动与心理描写，把月夜之景与对情人的相思之情巧妙地结合在一起，真切而自然，读来令人回味无穷。

作者简介 王之涣（688~742）：唐代诗人。字季凌，晋阳（今山西太原西南）人。性格豪放不羁，常击剑悲歌。其诗善写边塞风光，意境雄浑，多为当时乐工制曲歌唱，名动一时。世传曾与高適、王昌龄等于旗亭画壁，听诗赌胜。

dēng guàn què lóu
登鹳雀楼❶

王之涣

bái rì yī shān jìn huáng hé rù hǎi liú
白日依山尽❷，黄河入海流。
yù qióng qiān lǐ mù gèng shàng yì céng lóu
欲穷千里目❸，更上一层楼。

清马骀绘王之涣《登鹳雀楼》诗意图

注释

❶鹳雀楼：唐代河中府的游览胜地，位于今山西永济县，因常有鹳雀栖息而得名。❷尽：沉没，消失。❸穷：尽，使达到极点。

解说

夕阳缓缓消失在西边的群山间，黄河滚滚向东流入大海。要想见到千里之外的景色，就要再登上一层高楼。全诗语言浅显，却写出了壮阔的景象和雄浑的气势，也表达出诗人积极进取的豪情壮志。结尾两句即景生意，说明要想看得远，必须站得高的道理，是运用形象思维来展示生活哲理的经典名句。

liáng zhōu cí

凉州词[1]

王之涣

huáng hé yuǎnshàng bái yún jiān　yí piàn gū chéng wàn rèn shān

黄河远上白云间，一片孤城万仞山[2]。

qiāng dí hé xū yuànyáng liǔ　chūnfēng bú dù yù ménguān

羌笛何须怨杨柳[3]，春风不度玉门关[4]。

注释

❶凉州词：乐府曲名，唐代诗人多用这个调子作歌词，描写西北边塞风光和战争场景。❷万仞：形容极高。仞：古代长度单位，八尺为一仞。❸羌笛：古代羌族的一种乐器。杨柳：指《折杨柳》的笛曲。❹玉门关：在今甘肃省敦煌市西北。

解说

极目远眺，黄河与白云相连，一座城堡孤零零地耸立在崇山峻岭间。吹羌笛的人何必抱怨《折杨柳》曲，春风本来就吹不到玉门关外。这是一首边塞诗，既描写边塞的壮丽景象，也表达了诗人对戍边将士的深切同情。全诗画面壮阔，情调悲壮，表现出盛唐诗人的宽广心胸。

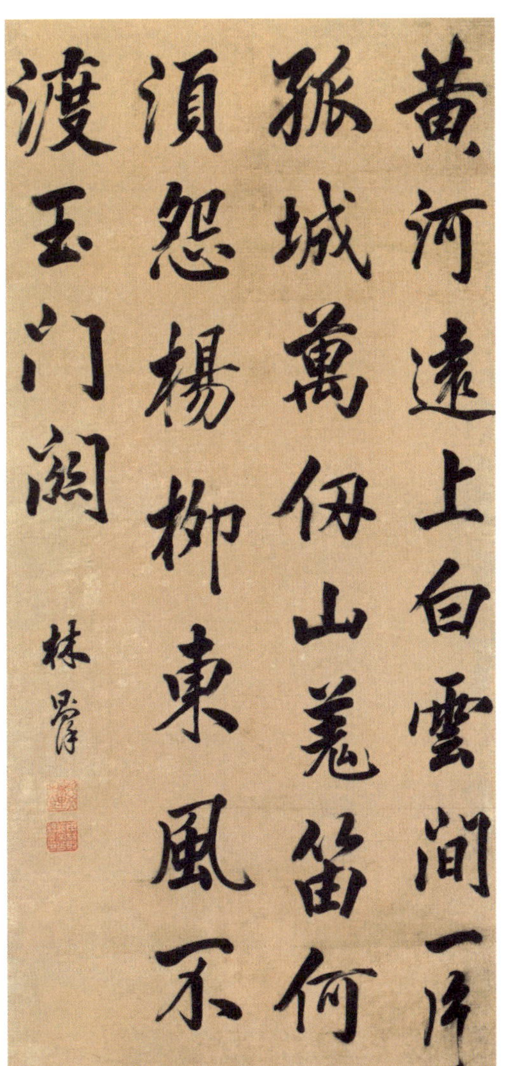

清林则徐楷书王之涣诗《凉州词》

作者简介

孟浩然（689～740）：唐代诗人。襄州襄阳（今湖北襄阳）人，早年隐居鹿门山。曾游历东南各地。诗与王维齐名，并称“王孟”。死后，王维在郢州为其画像。其诗清淡幽远，长于写景，多反映隐逸生活。

清人绘孟浩然画像

guò gù rén zhuāng

过故人庄❶

孟浩然

gù rén jù jī shǔ　yāo wǒ zhì tián jiā
故人具鸡黍❷，邀我至田家。
lǜ shù cūn biān hé　qīng shān guō wài xié
绿树村边合❸，青山郭外斜❹。
kāi xuān miàn cháng pǔ　bǎ jiǔ huà sāng má
开轩面场圃❺，把酒话桑麻❻。
dài dào chóng yáng rì　hái lái jiù jú huā
待到重阳日❼，还来就菊花❽。

注释

❶过：探望，拜访。❷具：置办。鸡黍：鸡和黄米饭，指农家待客丰盛的饭菜。❸合：合拢，围起来。❹郭：外城墙。❺轩：窗户。圃：菜园。❻把酒：端起酒杯，指饮酒。话桑麻：闲谈农作之事。❼重阳日：农历九月九日重阳节，这一天要登高赏菊。❽就：靠近，这里是观赏的意思。

清马骀绘孟浩然《过故人庄》诗意图（局部）

清王翚绘孟浩然《过故人庄》“开轩面场圃，把酒话桑麻”诗意图

解说

老朋友杀鸡煮黄米饭，邀请我去他家做客。葱郁的绿树环绕着村庄，青翠的山峦横斜在城外。打开窗户就能看到谷场和菜园，我们一边饮酒一边聊农家的趣事。等到九月九日重阳节那天，我还要再来饮酒赏菊。此诗描写山村风光和朋友欢聚的生活场景，运笔轻松随意，看似淡淡的诗句，却使老友的热情招待和做客时的愉快心情跃然纸上，抒发了作者对农家生活的喜爱之情。

chūn xiǎo
春晓

孟浩然

chūnmián bù jué xiǎo　chù chù wén tí niǎo
春眠不觉晓❶，处处闻啼鸟。
yè lái fēng yǔ shēng　huā luò zhī duō shǎo
夜来风雨声❷，花落知多少？

注释

❶晓：天亮。❷夜来：昨晚。

解说

春天的觉睡得很香，不知不觉天就亮了，醒来后随处都能听到鸟儿的啼叫声。想起昨夜曾听到刮风下雨的声音，那些花儿也不知道被吹落了多少？此诗通俗易懂，用浅近的语言描写春天早晨睡醒时的感受，展示出一幅生机勃勃的春景图，抒发了作者惜花爱春的情感。

明黄凤池编《唐诗画谱》中的孟浩然《春晓》诗意图

sù jiàn dé jiāng
宿建德江❶

孟浩然

yí zhōu bó yān zhǔ　　rì mù kè chóu xīn
移舟泊烟渚❷，日暮客愁新。
yě kuàng tiān dī shù　　jiāng qīng yuè jìn rén
野旷天低树❸，江清月近人。

注释

❶建德江：新安江的下游，在今浙江省建德县境内。❷泊：停船靠岸。渚：江中的小块陆地。❸旷：空阔。天低树：天幕低垂，好像和树木相连。

解说

把船停靠在烟雾迷蒙的沙洲边，茫茫暮色给游子更增添了几分愁绪。原野空旷，天幕低垂，好像比树木还低沉；江水清澈，水中的明月离人更近了。本诗描写江边晚景，抒发旅居在外时的孤独凄凉之情，千愁万绪尽在其中，微妙而真切。

元张远绘《潇湘八景图》之一

wàng dòng tíng hú zèng zhāng chéng xiàng

望洞庭湖赠张丞相❶

孟浩然

bā yuè hú shuǐ píng, hán xū hùn tài qīng
八月湖水平，涵虚混太清❷。

qì zhēng yún mèng zé, bō hàn yuè yáng chéng
气蒸云梦泽❸，波撼岳阳城❹。

yù jì wú zhōu jí, duān jū chǐ shèng míng
欲济无舟楫，端居耻圣明❺。

zuò guān chuí diào zhě, tú yǒu xiàn yú qíng
坐观垂钓者，徒有羡鱼情❻。

清康有为行书孟浩然诗《望洞庭湖赠张丞相》

注释

❶张丞相：唐玄宗时的丞相张九龄，也是著名诗人。❷涵虚：指水映天空。太清：天空。❸云梦泽：古时云梦泽包括今湖北东南部、湖南北部一带低洼地区，后来大部分成了陆地。❹撼：摇动。❺端居：安居。❻羡鱼：化用“临渊羡鱼，不如退而结网”，表现作者希望被引荐从政的心情。

解说

八月的洞庭湖水，涨得与湖岸齐平，天空倒映在水中，水天浑然一体。水汽蒸腾，笼罩着古云梦泽，波涛汹涌，震撼着岳阳古城。想渡过洞庭湖，却苦于没有船只，闲居在家，又觉得有愧于圣明的君王。看着在湖边悠闲垂钓的人，徒然生出一片羡慕之情。此诗由望湖而引发联想，委婉地表达了作者希望得到丞相张九龄赏识和录用的心情。三四句气势雄阔，既写了湖的宽广，又表现了湖水的壮阔，是描写洞庭湖的千古名句。

明袁尚统绘《洞庭风浪图》

作者简介 王昌龄（？～约756）：唐代诗人。字少伯，京兆长安（今陕西西安）人。开元、天宝年间诗名甚盛，尤其擅长七言绝句，多写当时边塞军旅生活，气势雄浑，格调高昂。其宫词善写女性幽怨之情，也为世人称道。

cóng jūn xíng
从军行❶

王昌龄

pí pá qǐ wǔ huàn xīn shēng　zǒng shì guānshān jiù bié qíng

琵琶起舞换新声，总是关山旧别情❷。

liáo luàn biān chóu tīng bú jìn　gāo gāo qiū yuè zhào cháng chéng

撩乱边愁听不尽❸，高高秋月照长城。

注释

❶从军行：乐府旧题，主要描写边塞军旅生活。❷关山：边塞，这里指守边的人。❸边愁：守卫边疆的愁苦。

解说

随着舞蹈节奏的变换，琵琶也弹出新的曲调，然而不管曲调如何变换，始终表达的是守边将士的离愁别情。听不尽的愁思使人心烦意乱，放眼四顾，一轮秋月正高高升起，映照着万里长城。诗人通过写军中宴乐，表现将士久戍边关产生的怀乡愁绪。虽只截取军中生活的一个侧面，却通过“新”与“旧”的对比和“总是”、“不尽”等词的运用，反映出乡愁的深沉与连绵不绝。

清王素绘《关山夜月图》（局部）

cóng jūn xíng
从军行

王昌龄

qīng hǎi cháng yún àn xuě shān　gū chéng yáo wàng yù mén guān
青海长云暗雪山❶，孤城遥望玉门关。
huáng shā bǎi zhàn chuān jīn jiǎ　bú pò lóu lán zhōng bù huán
黄沙百战穿金甲❷，不破楼兰终不还❸。

注释

❶青海：指青海湖，在今青海省东北部。长云：漫天的浓云。❷穿：磨穿。金甲：铠甲。❸楼兰：汉代时西域国名，在今新疆自治区鄯善县东南。这里借指侵扰西北边境的敌人。

解说

青海湖上空浓云弥漫，遮住了连绵的雪山，大漠中的边塞孤城与千里之外的玉门关遥遥相望。戍边将士在黄沙中身经百战，铠甲磨穿，他们发誓不打败进犯的敌人决不返乡。这是一首著名的边塞诗，全诗意境开阔，情绪高昂，充分表达了戍边将士杀敌报国的英雄气概和誓死守卫疆土的豪情壮志。

明刻本《三才图会》中的雪山图

cóng jūn xíng
从军行

王昌龄

dà mò fēng chén rì sè hūn, hóng qí bàn juǎn chū yuán mén
大漠风尘日色昏❶，红旗半卷出辕门❷。
qián jūn yè zhàn táo hé běi, yǐ bào shēng qín tǔ yù hún
前军夜战洮河北❸，已报生擒吐谷浑❹。

注释

❶大漠：广阔无边的沙漠。❷辕门：军营大门。古代行军宿营时，以车围营，车辕相向为营门，所以后来习称军营之门为辕门。❸洮河：即洮水，黄河支流，在今甘肃西南部。❹吐谷浑：中国古代西北部一个少数民族，是鲜卑族的一支，曾建立吐谷浑国。这里借指敌军首领。

解说

大漠里尘沙滚滚，日色变得昏暗迷蒙，红旗半卷着，将士们离营出征。前面的部队昨夜在洮河北面与敌人交战，捷报传来，他们已将敌军首领俘获。本诗描写将士们黄昏时出击，在夜战中活捉敌军首领，旗开得胜的场面。全诗没有对战争场面的直接描写，而是通过气氛渲染与侧面描写表现战争的激烈，透出振奋、欢快的心情。

清钱林绘《关山夜月图》

chū sài
出 塞❶

王昌龄

qín shí míng yuè hàn shí guān
秦时明月汉时关，
wàn lǐ chángzhēng rén wèi huán
万里长征人未还❷。
dàn shǐ lóng chéng fēi jiàng zài
但使龙城飞将在❸，
bú jiào hú mǎ dù yīn shān
不教胡马度阴山❹。

注释

❶出塞：古乐府曲名，汉武帝时乐工李延年根据西域乐曲改制，声调雄壮。❷长征：长期作战。❸龙城飞将：指汉武帝时的守边大将李广。❹胡马：指敌人的军队。阴山：在今内蒙古自治区北部，汉代时是边防要塞。

解说

明月依旧是秦代的明月，边关还是汉代的边关，从军万里，戍守边关的将士直到今天还未回来。但只要有西汉李广那样骁勇的“飞将军”在，敌军的战马就休想越过阴山。此诗表达了作者希望朝廷任用得力将领，抵御外敌以保障边疆安宁的愿望。诗境雄浑苍茫，语言气势磅礴，是边塞诗中的名作。

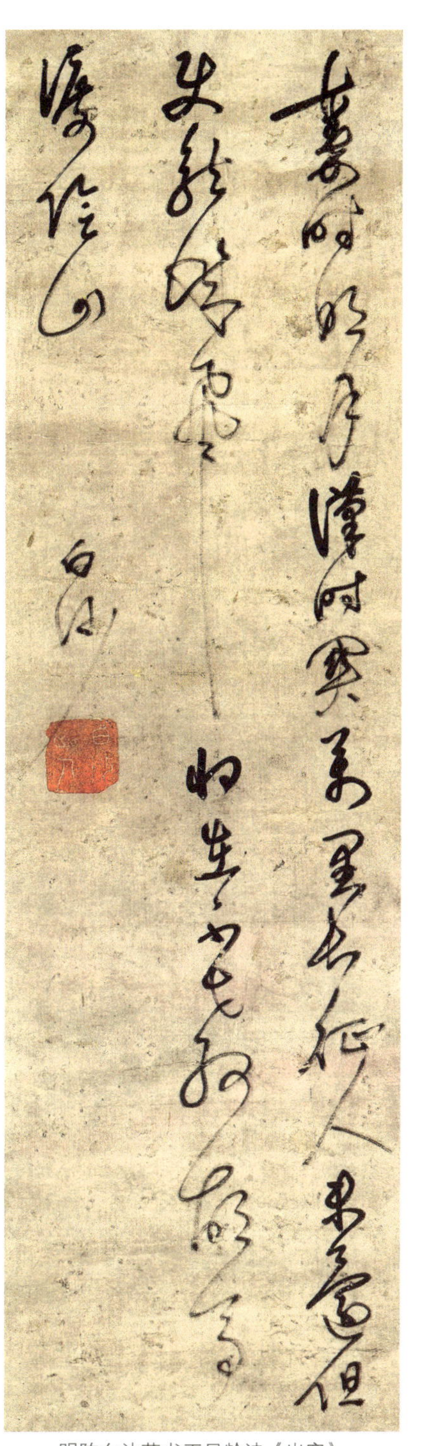

明陈白沙草书王昌龄诗《出塞》

cǎi lián qǔ

采莲曲❶

王昌龄

hé yè luó qún yí sè cái fú róng xiàng liǎn liǎng biān kāi

荷叶罗裙一色裁❷，芙蓉向脸两边开❸。

luàn rù chí zhōng kàn bú jiàn wén gē shǐ jué yǒu rén lái

乱入池中看不见❹，闻歌始觉有人来。

注释

❶采莲曲：乐府旧题，内容多描写江南水乡风光与采莲妇女的生活。❷罗裙：丝绸的裙子。❸芙蓉：即荷花。❹乱：混杂。

解说

采莲姑娘的丝绸裙子如同荷叶一样碧绿，鲜艳的荷花正迎着姑娘的脸庞盛开。姑娘进入池塘，与荷花混杂一起，让人分辨不清，只有听到《采莲曲》的歌声，才知道她们正向这边驶来。此诗以人衬景，以景托人，将采莲姑娘的姿态、活动与荷塘的景色对应起来描写，意境优美，妙趣横生。

明唐寅绘《采莲图》（局部）

fú róng lóu sòng xīn jiàn

芙蓉楼送辛渐[1]

王昌龄

hán yǔ lián jiāng yè rù wú　　píng míng sòng kè chǔ shān gū

寒雨连江夜入吴[2]，平明送客楚山孤[3]。

luò yáng qīn yǒu rú xiāng wèn　　yí piàn bīng xīn zài yù hú

洛阳亲友如相问，一片冰心在玉壶[4]。

注释

❶芙蓉楼：在今江苏省镇江市西北。辛渐：王昌龄的朋友。❷连江：满江。吴：与下文的“楚”都指镇江一带。❸平明：清晨。楚山：古时吴、楚两地相接，镇江一带被称为吴头楚尾，所以它附近的山也可以称作楚山。❹冰心：像冰一样莹洁的心，比喻坚贞纯洁。玉壶：白玉做成的壶。

解说

昨夜，透着寒意的满江烟雨移入吴地，清晨送别友人时，心如楚山一样寂寞孤独。洛阳的亲朋好友如果问起我的话，就说我的心像玉壶中珍藏的冰一样晶莹纯洁。全诗通过描写送友之景，抒发内心的孤寂之感，同时向友人表白自己高洁的情操，以此告慰友人，这比任何言辞都更能表达诗人的一片深情。

清冯洽绘《楚山清晓图》

闺怨

王昌龄

guī zhōngshào fù bù zhī chóu chūn rì níngzhuāngshàng cuì lóu
闺中少妇不知愁，春日凝妆上翠楼❶。

hū jiàn mò tóu yáng liǔ sè huǐ jiào fū xù mì fēng hóu
忽见陌头杨柳色❷，悔教夫婿觅封侯❸。

清王素绘《柳窗佳人图》（局部）

注释

❶凝妆：精心打扮。翠楼：青色装饰的楼，古代显贵之家的楼房。❷陌头：田间小路。❸觅封侯：从军建功封爵。

解说

年轻少妇不知道什么是忧愁，在明媚的春日，精心打扮后登上高楼观赏春色。忽然看到路边青青的杨柳，惆怅之情涌上心头，后悔当初不该让丈夫从军边塞，去建功封侯。此诗写闺中少妇的哀怨，含蓄细腻，生动地表现了少妇瞬间微妙的心理变化，是闺怨诗中的上乘之作。

明沈周绘《京江送别图》（局部）

送柴侍御❶

sòng chái shì yù

王昌龄

liú shuǐ tōng bō jiē wǔ gāng sòng jūn bù jué yǒu lí shāng
流水通波接武冈❷，送君不觉有离伤。
qīng shān yí dào tóng yún yǔ míng yuè hé céng shì liǎng xiāng
青山一道同云雨，明月何曾是两乡？

注释

❶侍御：官职名。❷通波：水波相通。武冈：今湖南西部武冈市。

解说

河水的波浪连接着武冈，送你远去不免有离别的感伤。好在我们俩共同沐青山的风雨，同顶一轮明月，怎么能说是身处两地呢？诗人以乐观向上的豁达心态抒写离别之情，安慰分手的朋友：我们的友谊永存，不论在什么地方，心都永远在一起。

作者简介

祖咏：唐代诗人。洛阳（今属河南）人。应试时作《终南望余雪》诗，仅写四句，即以“尽意”而交卷，传为美谈。与王维、储光羲等友善。其诗多写田园隐逸生活，善状景绘物。

终南望余雪❶

zhōng nán wàng yú xuě

祖 咏

zhōng nán yīn lǐng xiù　jī xuě fú yún duān

终南阴岭秀❷，积雪浮云端。

lín biǎo míng jì sè　chéng zhōng zēng mù hán

林表明霁色❸，城中增暮寒。

元盛懋绘《雪岭晴霁图》

注释

❶终南：指终南山，在今陕西省西安市南面。❷阴岭：山的北面。古时以南为阳，以北为阴。❸林表：树梢。霁色：雨雪之后出现的阳光。

解说

终南山北岭的景色秀丽，积雪好像浮在云端上。雪后初晴，阳光照在林梢上，暮色中，长安城内又增添了几分寒意。这是一首描写雪景的诗，诗人通过高超的观察力，由写景转化为写城中寒意，传递出丰富的感受，使人如有身临其境之感。

清人绘王维画像

作者简介

王维（701？～761）：唐代诗人、画家。字摩诘，蒲州（今山西永济西南）人。前期写过一些以边塞为体裁的诗篇。但其作品以山水诗最为后世所称道，通过田园山水的描绘，叙写隐逸情趣和佛教禅理，体物精细，状写传神，具有独特成就。诗与孟浩然齐名，并称“王孟”。兼通音乐，精绘画。

niǎo míng jiàn
鸟鸣涧❶

王　维

rén xián guì huā luò，yè jìng chūn shān kōng
人闲桂花落❷，夜静春山空❸。
yuè chū jīng shān niǎo，shí míng chūn jiàn zhōng
月出惊山鸟，时鸣春涧中❹。

注释

❶鸟鸣涧：在王维朋友的别墅附近。涧，两山间的水沟。❷闲：静寂。桂花：这里的桂花是春季开的一种花。❸空：空寂。❹时鸣：不时地啼叫。

解说

寂无人声，桂花纷纷飘落；春夜静谧，山林更显空寂。明月升起，惊动栖息的山鸟；叫声清脆，时而回荡在山涧中。此诗写山中春夜的景色，作者以动写静，用花落、月出、鸟鸣来衬托春山的幽静。而诗人内心的安宁，则从侧面反映了盛唐时的和平气氛。

明吕纪绘《流涧鸣春图》

shǐ zhì sài shàng

使至塞上

王 维

dān chē yù wèn biān ， shǔ guó guò jū yán 。
单车欲问边❶，属国过居延❷。

zhēngpéng chū hàn sài ， guī yàn rù hú tiān 。
征蓬出汉塞❸，归雁入胡天。

dà mò gū yān zhí ， cháng hé luò rì yuán 。
大漠孤烟直，长河落日圆。

xiāo guān féng hòu qí ， dū hù zài yān rán 。
萧关逢候骑❹，都护在燕然❺。

注释

❶问边：到边塞察访。❷属国：汉时称归附汉朝的少数民族地区为属国。居延：汉代属国名，在今内蒙古自治区额济纳旗境内。❸征：远行。蓬：蓬草。❹萧关：古关名，即陇山关，是关中通向塞北的交通要道，在今宁夏回族自治区固原县东南。候骑：骑马的侦察兵。❺都护：边疆重镇的最高统帅，这里指河西节度使。燕然：山名，即今蒙古国境内的杭爱山，这里代指前线。

近代溥儒绘《江潮落日图》

解说

乘坐轻车到边塞去察访军情，路过归顺朝廷的属国居延。我像随风远飞的蓬草出使边塞，又似北飞的归雁进入胡地天空。在浩瀚的沙漠中，一缕烽烟直上云霄；在奔腾的黄河边，一轮圆日悬挂西天。到了萧关，遇到骑马而来的侦察兵，他说统帅正在前线指挥作战。此诗写作者奉命出塞察访军情的沿途所见，语言形象而贴切，尤其诗中所写大漠辽阔、壮丽的风光，气势雄浑，诗作将悲凉之情融入了壮美景色之中。

wǎng chuān xián jū zèng péi xiù cái dí

辋川闲居赠裴秀才迪❶

王 维

hán shān zhuǎn cāng cuì, qiū shuǐ rì chán yuán
寒山转苍翠，秋水日潺湲❷。

yǐ zhàng chái mén wài, lín fēng tīng mù chán
倚杖柴门外，临风听暮蝉。

dù tóu yú luò rì, xū lǐ shàng gū yān
渡头余落日，墟里上孤烟❸。

fù zhí jiē yú zuì, kuáng gē wǔ liǔ qián
复值接舆醉❹，狂歌五柳前❺。

注释

❶辋川：在今陕西蓝田终南山。裴秀才迪：即秀才裴迪。❷潺湲：水流缓慢的样子。❸墟里：村落。❹复值：又遇到。接舆：春秋时楚国隐士，装狂遁世。这里代指裴迪。❺五柳：东晋诗人陶渊明，因在住宅前种了五株柳树，自号五柳先生。这里借指诗人自己。

解说

秋日里，山色愈发青翠，溪水缓缓流向远方。我手拄拐杖站在柴门外，在风中细听晚蝉鸣叫。渡口边落日残照，村子里炊烟升起。又碰到裴迪这个“接舆”酒醉，在我这五柳先生的门前狂歌。这是作者和裴迪相互赠诗取乐时所作，描写秋日傍晚的乡村风景，表现了作者闲居的乐趣和对友人的真切情谊，以及两人间个性与心灵的默契。

清王翚绘王维《辋川闲居赠裴秀才迪》“渡头余落日，墟里上孤烟”诗意图

shān jū qiū míng

山居秋暝[1]

王 维

kōng shān xīn yǔ hòu　tiān qì wǎn lái qiū
空山新雨后，天气晚来秋。
míng yuè sōng jiān zhào　qīng quán shí shàng liú
明月松间照，青泉石上流。
zhú xuān guī huàn nǚ　lián dòng xià yú zhōu
竹喧归浣女[2]，莲动下渔舟。
suí yì chūn fāng xiē　wáng sūn zì kě liú
随意春芳歇[3]，王孙自可留[4]。

注释

❶暝：傍晚。❷喧：喧闹。浣女：洗衣服的姑娘。❸随意：任凭。歇：凋谢。❹王孙：原指贵族子弟，后也泛指隐居的人。这里指作者自己。

明项圣谟绘王维《山居秋暝》“明月松间照，清泉石上流”诗意图

解说

空旷的山中刚下过一场雨，傍晚的天气更显秋意浓浓。皎洁的月光映照在松林间，清澈的泉水流淌在山石上。竹林中一片喧哗，原来是姑娘们洗衣归来；水塘里莲叶摇动，原来是渔船顺流而下。任凭春天的芬芳消逝，我甘愿驻留在这世外桃源。此诗写秋日傍晚雨后的空山景象，运用比兴的艺术手法，用自然美来表现诗人的人格美和理想中的社会美，诗中有画，画中有诗，诗情画意中寄托着诗人对人生理想境界的追求。

鹿柴❶

lù zhài

王 维

kōng shān bú jiàn rén
空山不见人，

dàn wén rén yǔ xiǎng
但闻人语响❷。

fǎn yǐng rù shēn lín
返景入深林❸，

fù zhào qīng tái shàng
复照青苔上❹。

注释

❶鹿柴：终南山下辋川的一个地名，作者晚年隐居这里。柴：通“寨”。❷但：只。❸返景：夕阳返照的光。景，古时同“影”。❹青苔：阴湿地方生长的绿色苔藓植物。

解说

空寂的山中看不见一个人影，却只听见人的说话声。夕阳的余辉射入幽静的深林，斑驳的光影投映在块块青苔上。此诗描写傍晚时空山深林幽静的景色，虽没有从正面描写，却用闻声不见人、落日余晖洒青苔相烘托，刻画大自然千姿百态的美，也表现出作者寄情山水的闲适心情。

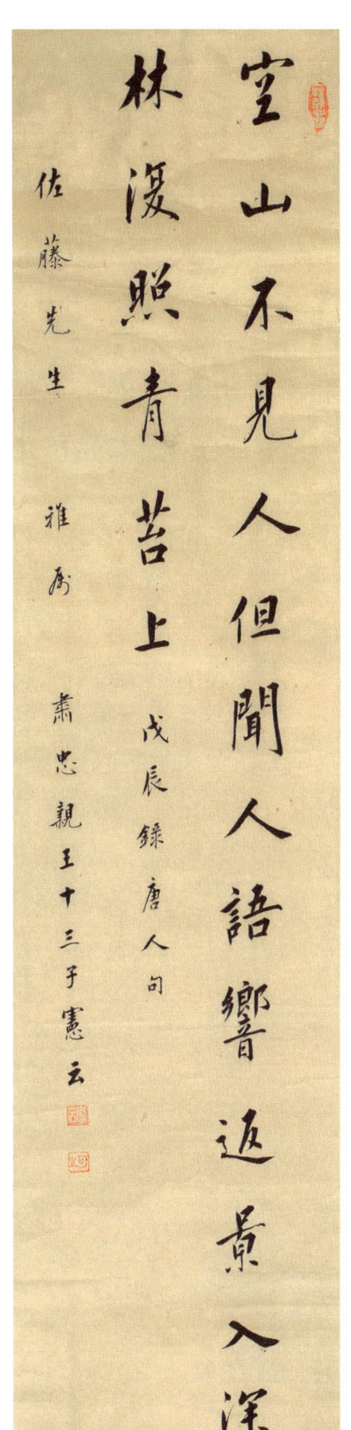

清肃亲王楷书王维诗《鹿柴》

guān liè
观猎

王 维

fēng jìng jiǎo gōngmíng　jiāng jūn liè wèi chéng
风劲角弓鸣❶，将军猎渭城❷。
cǎo kū yīng yǎn jí　xuě jìn mǎ tí qīng
草枯鹰眼疾，雪尽马蹄轻。
hū guò xīn fēng shì　xuán guī xì liǔ yíng
忽过新丰市❸，还归细柳营❹。
huí kàn shè diāo chù　qiān lǐ mù yún píng
回看射雕处，千里暮云平❺。

注释

❶角弓：用兽角装饰的硬弓。❷渭城：秦时咸阳城，汉武帝时改称渭城，在今陕西省西安市西北，渭水之北。❸新丰市：故址在今陕西省临潼东北，是古代产美酒的地方。❹细柳营：在今陕西省长安县，是汉代名将周亚夫驻扎军队的地方。❺暮云平：傍晚的云层与大地连成一片。

解说

疾风劲吹，角弓鸣响，将军在渭城的郊外狩猎。野草枯黄，鹰眼更显锐利；积雪融化，马蹄格外轻快。转眼间过了新丰市，不久又回到细柳营。回头遥望那射雕的地方，千里暮云与大地连成了一片。此诗写一个将军狩猎的情景，用词准确丰富，生动传神，虽是写狩猎活动，却栩栩如生地刻画出将军的勇武矫捷，极具感染力。

清顾绣绘《猎鹰图》，描绘王维《观猎》“草枯鹰眼疾，雪尽马蹄轻”诗意

zhú lǐ guǎn

竹里馆❶

王维

dú zuò yōu huáng lǐ, tán qín fù cháng xiào

独坐幽篁里❷，弹琴复长啸❸。

shēn lín rén bù zhī, míng yuè lái xiāng zhào

深林人不知，明月来相照。

注释

❶竹里馆：建在竹林深处的房舍。❷幽篁：幽深的竹林。篁：竹林。❸长啸：撮口发出清脆的声音。声音清越而舒长，所以叫长啸。

解说

独自坐在幽深的竹林里，时而弹琴，时而仰天长啸。竹林深处，无人知道我的存在，只有皎洁的月光透过竹叶，照在我身上。这是诗人在竹林中闲适生活的写照，虽语言朴素，却匠心独具，以自然平淡的笔调，刻画出一种清幽宁静的迷人意境。

明黄凤池编《唐诗画谱》中的王维《竹里馆》诗意图

lián huā wù
莲花坞[1]

王 维

rì rì cǎi lián qù zhōucháng duō mù guī
日日采莲去，洲长多暮归[2]。

nòng gāo mò jiàn shuǐ wèi shī hóng lián yī
弄篙莫溅水[3]，畏湿红莲衣。

注释

❶坞：水边建筑的停船的地方。❷洲：水中由沙石、泥土淤积而成的小块陆地。❸篙：撑船的竹竿或木杆。

解说

采莲姑娘每天去采莲子，因为水中陆地太长，经常要到傍晚才能回家。一路上，她轻轻地划着小船，撑篙时不溅起水花，只怕弄湿了莲花般红红的衣裳。此诗描写采莲姑娘晚归的情景，语言朴实，通俗易懂，通过描绘采莲女的神态，展示了江南地区秀美的人情风貌。

近代潘振镛绘《采莲图》

zá shī
杂诗

王维

jūn zì gù xiāng lái　yīng zhī gù xiāng shì
君自故乡来❶，应知故乡事。

lái rì qǐ chuāng qián　hán méi zhuó huā wèi
来日绮窗前❷，寒梅著花未❸？

注释

❶君：对别人的尊称。❷来日：来人出行的那天。绮窗：有雕饰的窗户。❸著花：开花。

解说

您从我的家乡来，应该了解那里的情况。请告诉我：您来的时候，我家雕花窗前那株寒梅开花了吗？此诗用质朴的语言和问话的口气，表达了诗人的思乡之情，感情真实而自然，将平淡中见真情的韵味和情趣表现得恰到好处。

明王穀祥绘《梅花图》

xiāng sī

相思

王 维

hóng dòu shēng nán guó，chūn lái fā jǐ zhī

红豆生南国❶，春来发几枝？

yuàn jūn duō cǎi xié，cǐ wù zuì xiāng sī

愿君多采撷❷，此物最相思。

清沙馥绘《红豆相思图》

注释

❶红豆：红豆树的果实，颜色鲜红，状如大豆，古人常用来象征爱情或寄寓相思，又称为相思子。南国：南方，红豆生在岭南地区。❷采撷：摘取。

解说

红豆树生长在南方，春天到了，不知又长出多少新枝？希望您多采摘一些吧，因为它最懂得相思之情。诗人借红豆抒发相思之情，委婉含蓄，意味深长。全诗语言朴素无华，深情而自然，在唐代就被谱曲，广为传唱。

少年行❶

shào nián xíng

王 维

xīn fēng měi jiǔ dǒu shí qiān　xián yáng yóu xiá duō shào nián
新丰美酒斗十千❷，咸阳游侠多少年❸。

xiāng féng yì qì wèi jūn yǐn　xì mǎ gāo lóu chuí liǔ biān
相逢意气为君饮❹，系马高楼垂柳边。

注释

❶少年行：古时歌曲名。❷新丰：汉朝时县名，在今陕西临潼东北，古时以出产好酒出名。斗十千：一斗酒值十千文钱，指价格昂贵。斗：酒器。❸咸阳：咸阳是秦国都城，这里指唐朝都城长安。游侠：重义轻生之人。❹意气：指意气相投。

明黄凤池编《唐诗画谱》中的王维《少年行》诗意图

解说

新丰盛产的美酒一斗值十千钱，咸阳豪爽的游侠大多数是少年。路逢知己，意气相投，少年争着为朋友干杯，所乘的骏马都系在高楼下的垂柳边。此诗写盛唐时期少年游侠舍生报国的壮烈情怀，赞美少年游侠的英勇与侠义品格。

jiǔ yuè jiǔ rì yì shān dōng xiōng dì

九月九日忆山东兄弟❶

王 维

dú zài yì xiāng wéi yì kè　měi féng jiā jié bèi sī qīn

独在异乡为异客，每逢佳节倍思亲。

yáo zhī xiōng dì dēng gāo chù　biàn chā zhū yú shǎo yì rén

遥知兄弟登高处❷，遍插茱萸少一人❸。

注释

❶九月九日：农历九月九日，即重阳节，古人在这一天有饮酒、登高的习俗。山东：华山以东地区，诗人故乡在这里。❷登高：登上高处。据说，在九月九日重阳节这天登高可以避灾。❸茱萸：一种芳香植物，民间有重阳节身佩茱萸可以消灾除病的说法。

解说

独自生活在远离家乡的地方，每到重阳佳节更加思念家乡的亲人。我知道故乡的兄弟身佩茱萸登上高处时，也正在为缺了我一人而深感遗憾。此诗用明白晓畅的语言抒写节日里非常思念亲人的情感，真挚而朴实。尤其第二句，高度概括了人们的共同感受，被传诵千古。

清石涛绘王维《九月九日忆山东兄弟》诗意图

sòng yuán èr shǐ ān xī
送元二使安西❶

王 维

wèi chéng zhāo yǔ yì qīng chén kè shè qīng qīng liǔ sè xīn
渭城朝雨浥轻尘❷，客舍青青柳色新❸。
quàn jūn gèng jìn yì bēi jiǔ xī chū yáng guān wú gù rén
劝君更尽一杯酒，西出阳关无故人❹。

注释

❶元二：王维的朋友。安西：唐朝的安西都护府，在今新疆维吾尔自治区库车县。❷渭城：秦时咸阳城，汉武帝时称渭城。浥：沾湿。❸客舍：旅馆。❹阳关：古关名，在今甘肃省敦煌市西南，因在玉门关之南，故称阳关。唐朝时，出了阳关，便是西域。

解说

清晨，渭城刚下过雨，雨水沾湿尘土，旅舍显得更加洁净，杨柳也更加青翠。劝您再喝一杯送别酒吧，往西出了阳关，可就不容易见到老朋友啦！这首送别诗，先写送别的时间、地点与环境，具有浓郁的抒情气氛；宴席即将结束时的劝酒辞，则表现了朋友离别时依依不舍的深情。本诗在唐朝就被谱成乐曲，广为吟唱。

清吴历绘《秋林送别图》

清殿藏本李白画像

作者简介

李白（701～762）：唐代诗人。字太白，号青莲居士。祖籍陇西成纪（今甘肃静宁西南），幼时随父迁居绵州昌隆（今四川江油）青莲乡。诗风雄奇豪放，想象丰富，语言流转自然，音律和谐多变，善于从民歌、神话中吸取营养和素材，富有个性特色和浪漫精神，达到盛唐诗歌艺术的巅峰。与杜甫齐名，世称“李杜”。

huáng hè lóu sòng mèng hào rán zhī guǎng líng

黄鹤楼送孟浩然之广陵❶

李　白

gù rén xī cí huáng hè lóu　yān huā sān yuè xià yáng zhōu

故人西辞黄鹤楼❷，烟花三月下扬州❸。

gū fān yuǎn yǐng bì kōng jìn　wéi jiàn cháng jiāng tiān jì liú

孤帆远影碧空尽，唯见长江天际流❹。

注释

❶黄鹤楼：在湖北武汉。孟浩然：唐朝著名诗人，与李白友善。之：往，到。广陵：扬州古称。❷故人：老朋友，这里指孟浩然。西辞：由西向东行。❸烟花：指春天艳丽的景色。❹天际：天边。

解说

老朋友在黄鹤楼与我辞别，在杨柳如烟、繁花似锦的阳春三月前往扬州。帆船独自远去，最后消失在碧蓝的天边，而我仍伫立江畔，只见长江水顺着天际向东奔流。这是李白为孟浩然送行的诗，全诗将依依惜别的深情寓于动人心弦的景物之中，含蕴无穷，真切感人。

清石涛绘李白《黄鹤楼送孟浩然之广陵》诗意图

é méi shān yuè gē
峨眉山月歌❶

李 白

é méi shān yuè bàn lún qiū yǐng rù píng qiāng jiāng shuǐ liú
峨眉山月半轮秋❷，影入平羌江水流❸。
yè fā qīng xī xiàng sān xiá sī jūn bú jiàn xià yú zhōu
夜发清溪向三峡❹，思君不见下渝州❺。

注释

❶峨眉山：在今四川省峨眉山市西南。❷半轮秋：指半圆的秋月。❸平羌：平羌江，又名青衣江，在峨眉山东北。❹清溪：清溪驿，在四川犍为县峨眉山附近。三峡：即长江三峡瞿塘峡、巫峡、西陵峡。❺渝州：今重庆市一带。

解说

峨眉山上空挂着半轮秋月，月影倒映在平羌江中，江水不停地向东奔流。乘着夜色，我从清溪出发向三峡驶去，心里想着你却见不到你，只好依依不舍地奔向渝州。此诗语言浅近，意境幽雅，全诗借景抒情，通过写诗人在旅途中的所见所思，表达了对友人的深切思念之情。

明黄凤池编《唐诗画谱》中的李白《峨眉山月歌》诗意图

越女词
yuè nǚ cí

李 白

yé xī cǎi lián nǚ jiàn kè zhào gē huí
耶溪采莲女❶，见客棹歌回❷。

xiào rù hé huā qù yáng xiū bù chū lái
笑入荷花去，佯羞不出来❸。

注释

❶耶溪：即若耶溪，在今浙江省绍兴市南。❷棹歌：一边划船，一边唱歌。❸佯：装作。

解说

若耶溪采莲的女孩，见到陌生的客人，就唱着歌调转船头。她笑着把小船划入荷花丛中，假装害羞再也不肯出来。此诗写越中采莲少女活泼可爱的神态，风格清新自然，洋溢着欢快的气氛。

清费丹旭绘《仕女团扇》

shān zhōng wèn dá

山中问答

李 白

wèn yú hé yì qī bì shān xiào ér bù dá xīn zì xián

问余何意栖碧山❶，笑而不答心自闲。

táo huā liú shuǐ yǎo rán qù bié yǒu tiān dì fēi rén jiān

桃花流水窅然去❷，别有天地非人间❸。

注释

❶栖：原指鸟类停歇在树枝等物上，引申为居住或停留。碧山：在湖北安陆县，山下有李白读书处。❷窅然：深远的样子。❸非人间：不是人间，这里指李白的隐居之地。

解说

有人问我为什么要隐居碧山，我笑而不答，心中却轻松又安闲。飘落的桃花随着流水远去，这里别有洞天，不是人间所能比的。全诗虽只四句，但是有问有答，有叙述、描绘和议论，其间转接轻灵，用笔有虚有实，表现了作者隐居山林时超然尘外、悠然自得的心情，也反映了他热爱自由和开朗的性格。

清马骀绘李白《山中问答》诗意图

zèng wāng lún

赠汪伦[1]

李 白

lǐ bái chéngzhōujiāng yù xíng　　hū wén àn shàng tà gē shēng

李白乘舟将欲行[2]，忽闻岸上踏歌声[3]。

táo huā tán shuǐ shēn qiān chǐ　　bù jí wāng lún sòng wǒ qíng

桃花潭水深千尺[4]，不及汪伦送我情！

注释

❶汪伦：安徽泾县人。李白前往泾县游桃花潭时，素不相识的汪伦常用美酒款待他，两人成了好朋友。❷将欲行：将要出发。❸踏歌：民间的一种歌唱形式，一边唱歌，一边用脚踏地打拍子。❹桃花潭：水潭名，在今安徽省泾县西南。

解说

我乘着小船刚要出发，忽然听到岸上传来踏歌的声音。纵然是桃花潭水深达千尺，也比不上汪伦对我的深情厚谊呀！这是李白与汪伦离别时的即兴之作，巧妙地用桃花潭的深水来与朋友的深情相比，贴切自然，情真意切。全诗语言质朴清新，读来脍炙人口。

清钱慧安绘李白《赠汪伦》“桃花潭水深千尺，不及汪伦送我情”诗意图

jìng yè sī

静夜思❶

李　白

chuáng qián míng yuè guāng　yí shì dì shàng shuāng

床前明月光，疑是地上霜❷。

jǔ tóu wàng míng yuè　dī tóu sī gù xiāng

举头望明月，低头思故乡。

注释

❶静夜：宁静的夜晚。❷疑是：好像是。

解说

宁静的夜晚，床前洒满洁白的月光，好像是地上铺着的一层白霜。抬头望着空中的明月，不由得低头思念起自己的故乡。此诗选取生活中最常见的情景，写作者日夜思念故乡的感受，语言质朴，真实而自然地表达了游子望月思乡的普遍情感，读后能让人产生强烈共鸣。

清石涛绘李白《静夜思》诗意图

sòng yǒu rén
送友人

李 白

qīng shān héng běi guō　bái shuǐ rào dōng chéng
青山横北郭❶，白水绕东城。
cǐ dì yì wéi bié　gū péng wàn lǐ zhēng
此地一为别，孤蓬万里征❷。
fú yún yóu zǐ yì　luò rì gù rén qíng
浮云游子意❸，落日故人情。
huī shǒu zì zī qù　xiāo xiāo bān mǎ míng
挥手自兹去❹，萧萧班马鸣❺。

注释

❶郭：外城。❷蓬：蓬草，枯后断根，随风飘荡。这里指远行的友人。❸浮云：喻指友人此去如浮云飘忽不定。游子：离家远游的人。❹自兹去：从此分别。❺萧萧：马的嘶叫声。班马：离群的马。

清吴大澂绘《春江晓别图》（局部）

解说

青翠的山岭横亘在外城的北面，清澈的河水在东边绕城而过。你我在这里分别后，就像蓬草随风飞扬，远行万里。你像天上的浮云飘忽不定，而我像依恋青山的落日对你难舍难分。我们挥手致意，互相告别，马儿也不愿意分离，竟萧萧长鸣。此诗描写送别情景，采用比喻手法，将自然景物与人的情感交织在一起，形象生动，有声有色。全诗语言质朴，情感真挚，表现出友人间深切的情谊和作者豁达乐观的心情。

dēng jīn líng fèng huáng tái
登金陵凤凰台❶

李 白

fèng huáng tái shàng fèng huáng yóu　fèng qù tái kōng jiāng zì liú
凤凰台上凤凰游，凤去台空江自流。
wú gōng huā cǎo mái yōu jìng　jìn dài yī guān chéng gǔ qiū
吴宫花草埋幽径❷，晋代衣冠成古丘❸。
sān shān bàn luò qīng tiān wài　èr shuǐ zhōng fēn bái lù zhōu
三山半落青天外❹，二水中分白鹭洲❺。
zǒng wèi fú yún néng bì rì　cháng ān bú jiàn shǐ rén chóu
总为浮云能蔽日❻，长安不见使人愁。

注释

❶金陵：即今江苏省南京市。凤凰台：故址在今南京市凤凰山。相传南朝刘宋元嘉年间，有凤凰集于山上，故筑此台。❷吴宫：三国时孙吴所建宫殿。幽径：幽僻的小路。❸晋代衣冠：指东晋时的名门贵族。丘：坟墓。❹三

清王翚、杨晋等绘《康熙南巡图》（局部），描绘南京石头城附近的景色

山：山名，在南京市西南长江边，因三峰并立，南北相连而得名。❺二水：指长江被江中的白鹭洲分为两支。白鹭洲：古代长江中的沙洲，在今南京市西南。❻浮云：比喻奸臣。日：比喻君王。

明刻本《三才图会》中的凤凰台图

解说

相传凤凰台上有凤凰来游，如今凤去台空，只有长江水依旧滚滚东流。吴国宫殿遗址上的野花杂草已埋没了小道，晋代的名门望族也早已深埋在古冢深丘中。远处的三山时隐时现，如同落在青天之外，白鹭洲横亘江中，将长江分割为两条水道。浮云不时遮蔽太阳，望不见长安使人发愁啊！此诗通过描写登金陵凤凰台所见景色，吊古伤今，抒发了诗人报国无门、怀才不遇的忧愤心情。全诗语言流畅，情景交融，写景壮丽，寓意深刻。

wàng tiān mén shān

望天门山[1]

李 白

tiān mén zhōng duàn chǔ jiāng kāi　　bì shuǐ dōng liú zhì cǐ huí
天门中断楚江开[2]，碧水东流至此回[3]。
liǎng àn qīng shān xiāng duì chū　　gū fān yí piàn rì biān lái
两岸青山相对出，孤帆一片日边来。

注释

❶天门山：在今安徽省境内的长江两岸，分为东、西两山，东名博望山，在当涂县西南；西名梁山，在和县北。两山夹长江对峙，形似天门，总名天门山。❷中断：从中间断开。楚江：安徽省古代属楚地，故称流经这里的长江为楚江。❸回：回旋，打转。

清石涛绘李白《望天门山》诗意图

解说

天门山被长江水从中间分开，碧绿的江水东流至此激起回旋。两岸的青山相互对峙着出现，一只小船从太阳升起的地方徐徐驶来。此诗描写天门山一带雄伟壮丽的景色，诗篇远近相间，景物变换自然而富有动感，描绘出一幅壮丽的山水画卷，表现了诗人对祖国大好河山的热爱之情。

望庐山瀑布❶

wàng lú shān pù bù

李 白

rì zhào xiāng lú shēng zǐ yān，yáo kàn pù bù guà qián chuān

日照香炉生紫烟❷，遥看瀑布挂前川❸。

fēi liú zhí xià sān qiān chǐ，yí shì yín hé luò jiǔ tiān

飞流直下三千尺，疑是银河落九天❹。

注释

❶庐山：在今江西省九江市南，耸立于鄱阳湖、长江之滨。❷香炉：即庐山香炉峰，因形似香炉且山上经常笼罩着云烟而得名。紫烟：指日光照射水汽而反射出来的紫色烟雾。❸挂前川：就像在前面悬挂着一条河。❹银河：又名天河、银汉。九天：天的最高处。

解说

在阳光的照耀下，香炉峰上的云雾泛出一片紫色，远远望去，瀑布就像一条长河挂在山前。奔腾的水流从三千尺的高处飞泻而下，让人怀疑是银河从九重天上落了下来。这是一首著名的写景诗，作者用比喻和夸张的手法，描绘了一幅色彩鲜明、气势壮观的庐山瀑布图。全诗想象新奇，令人印象深刻。

清王鉴绘《匡庐瀑布》（局部）

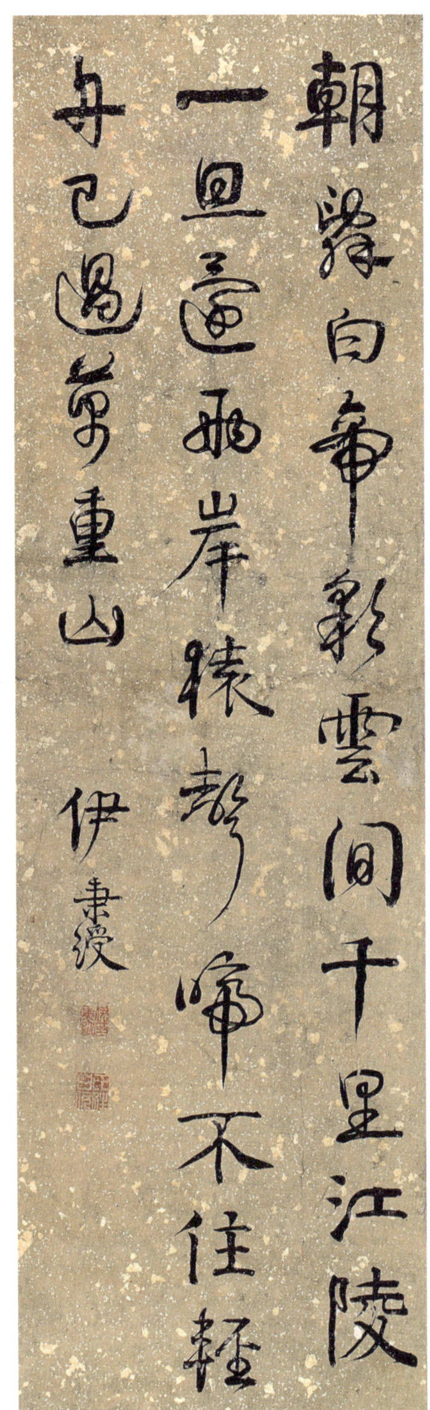
清伊秉绶行书李白诗《早发白帝城》

zǎo fā bái dì chéng
早发白帝城❶

李　白

zhāo cí bái dì cǎi yún jiān
朝辞白帝彩云间，
qiān lǐ jiāng líng yí rì huán
千里江陵一日还❷。
liǎng àn yuánshēng tí bú zhù
两岸猿声啼不住❸，
qīng zhōu yǐ guò wàn chóng shān
轻舟已过万重山。

注释

❶白帝城：城名，东汉初公孙述所筑，遗址在今重庆市奉节县白帝山上。❷江陵：地名，今湖北省江陵县，距白帝城约一千二百余里。❸猿声：据《水经注》记载，白帝城到江陵之间，连绵不断的山上有很多猿猴，船从此过，可以听到猿猴的叫声。

解说

清晨告别彩云缭绕的白帝城，一天工夫就回到千里之外的江陵。长江两岸的猿猴不停地啼叫，而轻快的小船早已跨越了千山万水。此诗写于李白流放夜郎途中遇赦，从白帝城返回江陵，诗篇描写行船的轻快和沿途风光的壮丽，表达了诗人轻松愉快的心情。

dú zuò jìng tíng shān

独坐敬亭山❶

李 白

zhòng niǎo gāo fēi jìn　gū yún dú qù xián

众鸟高飞尽❷，孤云独去闲❸。

xiāng kàn liǎng bú yàn　zhǐ yǒu jìng tíng shān

相看两不厌❹，只有敬亭山。

注释

❶敬亭山：山名，在今安徽省宣城市北，原名昭亭山，山上旧有敬亭，为南齐谢朓吟咏处。❷尽：没有了。❸孤云：一片云。闲：悠闲，安闲。❹相看：你看我，我看你，指诗人和山。厌：厌弃，厌烦。

明刻本《三才图会》中的敬亭山图

解说

鸟儿们高高地飞走，消失得无影无踪，天上的一片云也悠闲地飘向远方。能与我彼此间相看从不厌烦的，只有眼前的敬亭山了。此诗写李白独坐敬亭山时的感受，诗人将思想感情与自然景物高度融合，表达了对现实境遇的不满以及孤独寂寞的心情。

yuè xià dú zhuó
月下独酌❶

李 白

huā jiān yì hú jiǔ dú zhuó wú xiāng qīn
花间一壶酒，独酌无相亲。

jǔ bēi yāo míng yuè duì yǐng chéng sān rén
举杯邀明月❷，对影成三人。

yuè jì bù jiě yǐn yǐng tú suí wǒ shēn
月既不解饮❸，影徒随我身。

zàn bàn yuè jiāng yǐng xíng lè xū jí chūn
暂伴月将影❹，行乐须及春。

wǒ gē yuè pái huái wǒ wǔ yǐng líng luàn
我歌月徘徊，我舞影零乱。

xǐng shí tóng jiāo huān zuì hòu gè fēn sàn
醒时同交欢，醉后各分散。

yǒng jié wú qíng yóu xiāng qī miǎo yún hàn
永结无情游❺，相期邈云汉❻。

清费丹旭绘《举杯邀明月》（局部）

注释

❶独酌：独自喝酒。❷邀：邀请。❸解：懂得。❹将：和，与。❺无情游：忘却世情之游。❻相期：约定日期。邈：遥远。云汉：银河，这里指仙境。

解说

在花丛中摆上一壶酒，只有我一个人自斟自饮，无人相伴。我举起酒杯邀请明月对饮，再加上我的影子，就成了三个人。明月固然不懂饮酒的乐趣，影子也只是空随我身，与我徒然相伴。那么我就暂且伴随着月亮与影子，趁着美好春光及时行乐吧！我放声高歌，月亮在空中徘徊，我翩然起舞，地上的身影凌乱。清醒时我们一起享受欢乐，酒醉后大家各自分散。让我们结下忘情畅游的约定，相会于遥远的仙境吧！此诗描写诗人月下独自饮酒的情景，想象奇特，构思新颖。作者通过丰富的想象渲染情景，把寂寞的场面写得十分有趣，抒发了内心的孤独苦闷，表达了对现实境遇的不满。

南宋马远绘《举杯玩月图》（局部）

yè sù shān sì

夜宿山寺

李 白

wēi lóu gāo bǎi chǐ
危楼高百尺[1]，
shǒu kě zhāi xīng chén
手可摘星辰[2]。
bù gǎn gāo shēng yǔ
不敢高声语，
kǒng jīng tiān shàng rén
恐惊天上人。

注释

❶危楼：指建筑在山顶上的寺庙。危，高。❷星辰：日、月、星的总称。

解说

山上的寺庙好像有一百尺高，站在上面，伸手就可以摘下星星和月亮。我可不敢在这儿高声说话，只怕惊动了天上的仙人。此诗采用夸张的手法，层层递进地显示山寺的高耸，给人很大的想象空间。全诗语言朴素自然，却洋溢着浪漫主义情调，表现出诗人不拘一格的独特气质。

近代金城绘《松山萧寺图》

春夜洛城闻笛❶

chūn yè luò chéng wén dí

李 白

shuí jiā yù dí àn fēi shēng sàn rù chūn fēng mǎn luò chéng

谁家玉笛暗飞声❷？散入春风满洛城。

cǐ yè qǔ zhōng wén zhé liǔ hé rén bù qǐ gù yuán qíng

此夜曲中闻折柳❸，何人不起故园情❹！

注释

❶洛城：洛阳(今河南洛阳)，唐代东都。❷暗：暗自，悄悄。❸折柳：即《折杨柳》笛曲，乐府调名，内容多写离情别绪。❹故园：故乡。

解说

阵阵悠扬的笛声不知从谁家悄悄传来？随着春风飘满了整座洛阳城。就在今夜，听到哀伤的《折杨柳》曲，还有谁不心生对故乡的思念之情呢！热爱故乡是一种崇高的感情，此诗写春夜在洛阳听到笛声，产生对故乡的思念之情。全诗用朴实的语言，表达了淡淡的思乡哀愁。

清费丹旭绘《清笛图》（局部）

作者简介 王湾：唐代诗人。洛阳（今属河南）人，玄宗先天年间进士，曾任荥阳主簿、洛阳尉。早年文章就很出名，往来于吴、楚之间。其诗流传不多。

cì běi gù shān xià

次北固山下❶

王　湾

kè lù qīng shān wài，xíng zhōu lǜ shuǐ qián。
客路青山外❷，行舟绿水前。
cháo píng liǎng àn kuò，fēng zhèng yì fān xuán。
潮平两岸阔❸，风正一帆悬❹。
hǎi rì shēng cán yè，jiāng chūn rù jiù nián。
海日生残夜❺，江春入旧年。
xiāng shū hé chù dá？guī yàn luò yáng biān。
乡书何处达❻？归雁洛阳边。

注释

❶次：停宿。北固山：在今江苏省镇江市北。❷客路：客游在外。❸潮平：潮水与江岸齐平。❹风正：顺风，与船行方向一致。❺生：升起。残夜：夜将尽时。❻乡书：家信。

解说

离家出游来到北固山下，船儿在碧绿的江水中前行。潮水高涨与两岸齐平，江面显得更加宽阔；顺风行船，船上白帆高高悬起。天将破晓，江面上升起一轮红日；旧年未尽，江南已经春意融融。写好的家书要寄到哪里呢？请北归的大雁捎回我的家乡洛阳城吧！这首诗描写北固山周围景色及由此引起对故乡洛阳的思念。全诗属对工整，写景宏阔，意境清新，富有哲理。

清马骀绘王湾《次北固山下》诗意图

作者简介

崔颢（？~754）：唐代诗人。汴州（今河南开封）人。早年诗多写闺情，流于纤艳。后来游览山川，经历边塞，诗风变得雄浑奔放。其《黄鹤楼》诗，相传为李白所倾服。

黄鹤楼❶
huáng hè lóu

崔 颢

xī rén yǐ chéng huáng hè qù　cǐ dì kōng yú huáng hè lóu
昔人已乘黄鹤去❷，此地空余黄鹤楼。
huáng hè yí qù bú fù fǎn　bái yún qiān zǎi kōng yōu yōu
黄鹤一去不复返，白云千载空悠悠❸。
qíng chuān lì lì hàn yáng shù　fāng cǎo qī qī yīng wǔ zhōu
晴川历历汉阳树❹，芳草萋萋鹦鹉洲❺。
rì mù xiāng guān hé chù shì　yān bō jiāng shàng shǐ rén chóu
日暮乡关何处是❻？烟波江上使人愁。

注释

❶黄鹤楼：故址在今湖北省武汉市。相传建于三国吴黄武二年（223），历代屡废屡建，与岳阳楼、滕王阁并称“江南三大名楼”。❷昔人：前人。指传说中骑黄鹤经过这里的仙人。❸悠悠：久远的样子。❹历历：分明可数。汉阳：在武昌西北。❺萋萋：草长得茂盛的样子。鹦鹉洲：唐代在汉阳西南长江中，后渐被江水冲没。❻乡关：故乡。

解说

传说中的仙人早已乘黄鹤离去，这里只剩下一座空荡荡的黄鹤楼。黄鹤离去后再也不会回来，千百年来只有白云在天上飘浮游动。天气晴朗，隔着江水，能清楚地看到汉阳的树木，还能看到鹦鹉洲上茂盛的青草。夕阳西下，故乡啊，你在何方？望着浩瀚如烟的江水，使人不免涌起淡淡的乡愁。这首诗抒发吊古思乡之情。全诗意境开阔，联想丰富，格调优美，气势恢宏，情景交融，韵味无穷，是写黄鹤楼的千古绝唱。

作者简介

王翰：唐代诗人。字子羽，晋阳（今山西太原西南）人。任侠使酒，恃才不羁。其诗善写边塞生活，《凉州词》尤为出名。

liáng zhōu cí

凉州词❶

王 翰

pú táo měi jiǔ yè guāng bēi　yù yǐn pí pá mǎ shàng cuī

葡萄美酒夜光杯❷，欲饮琵琶马上催❸。

zuì wò shā chǎng jūn mò xiào　gǔ lái zhēng zhàn jǐ rén huí

醉卧沙场君莫笑，古来征战几人回？

注释

❶凉州词：乐府曲调名。❷夜光杯：白玉制成的酒杯，夜晚可放光彩。这里泛指精致的酒杯。❸马上催：西域胡人骑在马上弹奏琵琶，劝人饮酒。

解说

夜光杯里盛满了葡萄美酒，正要举杯畅饮时，传来马上乐队急促的琵琶声，像是在催促快喝。即使醉倒在战场上，请您也不要见笑，自古以来征战的将士能有几人活着回来呢？这首诗描写边塞将士征战前的宴饮场面，语言明快，风格豪放，表现了他们豪迈的英雄气概和视死如归的悲壮情怀。

汉代画像石中的胡汉战争场面

清人绘《历代名人像解》中的张旭画像

作者简介

张旭：唐代书法家。字伯高，苏州吴县（今江苏苏州）人。精通楷法，尤擅草书，与李白诗歌、裴旻剑舞，时称“三绝”。喜好饮酒，为“饮中八仙”之一。也能诗，以七绝见长。

桃花溪❶

táo huā xī

张 旭

yǐn yǐn fēi qiáo gé yě yān shí jī xī pàn wèn yú chuán
隐隐飞桥隔野烟❷，石矶西畔问渔船❸：

táo huā jìn rì suí liú shuǐ dòng zài qīng xī hé chù biān
桃花尽日随流水，洞在清溪何处边❹？

明黄凤池编《唐诗画谱》中的张旭《桃花溪》诗意图

注释

❶桃花溪：在今湖南省桃源县西南，发源于桃花山，北流入沅江。❷飞桥：架在高处的桥。烟：指像烟一样弥漫在空中的水蒸气。❸石矶：水边突出的大石头。❹洞：桃花洞，指《桃花源记》中武陵渔人找到的洞口。清溪：指桃花溪。

解说

隔着迷蒙的烟霭，隐隐看见一座高桥飞架于溪水之上。站在桃花溪的石矶西畔，向渔船的主人打探：这桃花终日随着流水漂流，那桃花源洞口究竟在清溪的哪一边呢？这首诗借描绘桃花溪的幽深、清静，表现诗人对桃花源理想生活的向往之情。全诗构思婉曲，意境若画，有景有情，引人遐想。

shānzhōng liú kè

山中留客

张 旭

shānguāng wù tài nòngchūn huī　　mò wèi qīng yīn biàn nǐ guī

山光物态弄春晖❶，莫为轻阴便拟归❷。

zòng shǐ qíngmíng wú yǔ sè　　rù yún shēn chù yì zhān yī

纵使晴明无雨色❸，入云深处亦沾衣❹。

注释

❶山光物态：山中的风光和景物的姿态。弄春晖：随着春天的阳光忽隐忽现，不断变化。❷轻阴：微阴。拟：打算。❸纵使：纵然，即使。❹沾衣：打湿衣服。

解说

山中的风光和景物的姿态都沐浴着明媚的春光，景象不断变化，请不要因为天色微阴便打算回家。要知道，即便天气晴朗毫无雨意，走进云雾深处，那水汽也会打湿你的衣服。这首诗虽题为“留客”，实则是在对客人的一番挽留中展示大自然的美好，营造出色彩斑斓的迷人意境，诗作耐人寻味，有着无穷的艺术魅力。

清戴熙绘《春山倚杖图》

作者简介 高適（约700～765）：唐代诗人。字达夫，渤海蓨（今河北景县）人。熟悉军事生活，所作边塞诗，对当时边地形势和士兵疾苦均有反映，《燕歌行》为其代表作。与岑参齐名，并称“高岑”，风格也大略相近。

bié dǒng dà

别董大❶

高 適

qiān lǐ huáng yún bái rì xūn fēng běi chuī yàn xuě fēn fēn

千里黄云白日曛❷，风北吹雁雪纷纷。

mò chóu qián lù wú zhī jǐ tiān xià shuí rén bù shí jūn

莫愁前路无知己，天下谁人不识君❸！

注释

❶董大：唐玄宗时的音乐家董庭兰。❷黄云：黄沙漫天，弥漫如云。曛：日色昏暗。❸君：指董大。

解说

千里原野，黄沙漫天，弥漫如云，使日色变得昏暗；北风吹来，雪花纷飞，大雁朝南方飞去。不要为前面道路上没有知心朋友而发愁，普天之下，有谁不认识您呢！这首诗先描绘北方冬天的荒凉景象，烘托离别时的沉郁气氛，后对友人安慰，包含了对友人的高度评价。此诗语出豪迈，慷慨激昂，是一首感人肺腑的送别诗。

清马骀绘高適《别董大》诗意图

作者简介

张谓（？～约778）：唐代诗人。字正言，河内（今河南沁阳）人。天宝、大历年间就有诗名，也擅古近体，其诗“格度严密，语致精深”。

zǎo méi
早梅

张 谓

yí shù hán méi bái yù tiáo　jiǒng lín cūn lù bàng xī qiáo
一树寒梅白玉条❶，迥临村路傍溪桥❷。
bù zhī jìn shuǐ huā xiān fā　yí shì jīng dōng xuě wèi xiāo
不知近水花先发，疑是经冬雪未销❸。

注释

❶白玉条：形容开放的梅花像白玉装饰一般。❷迥：远。❸销：融化。

解说

一树梅花凌寒绽放，洁白如玉，远离人来人往的村路，傍着溪水挺立桥边。寒梅早开是因它靠近溪水，如果不解内情，远望似雪非雪的枝丫，还以为是经历了冬天而未消融的白雪呢！这首诗描写一枝早梅凌寒开放的景致，以及它远离村路的习性，生动而贴切。全诗流露着对寒梅的赞叹，描绘出一种富有朦胧美的意境。

明黄凤池编《唐诗画谱》中的张谓《早梅》诗意图

清上官周绘《晚笑堂画传》中的刘长卿画像

作者简介

刘长卿（？~约789）：唐代诗人。字文房，河间（今属河北）人。其诗多写仕途失意之感，也有反映离乱之作，善于描绘自然景物，风格简淡。长于五言，称为“五言长城”。

féng xuě sù fú róng shān zhǔ rén

逢雪宿芙蓉山主人❶

刘长卿

rì mù cāng shān yuǎn tiān hán bái wū pín

日暮苍山远❷，天寒白屋贫❸。

chái mén wén quǎn fèi fēng xuě yè guī rén

柴门闻犬吠❹，风雪夜归人。

注释

❶题目的意思为宿在芙蓉山主人家逢雪。宿：投宿。❷苍山：青色的山。❸白屋：房顶覆盖白茅的简陋住所。贫：这里指冷清萧条。❹柴门：用散碎木材、树枝等编制的门。旧时代指贫苦人家。

清钱维城绘刘长卿《逢雪宿芙蓉山主人》诗意图

解说

黄昏时分，苍茫的芙蓉山显得模糊而遥远，天气寒冷，所投宿的茅屋越发冷清萧条。夜里听见柴门外传来狗叫声，原来是主人冒着风雪赶回来了。这首诗用白描手法描写风雪之夜，作者投宿山村人家的所见所闻。寥寥几笔，便生动地描绘了一幅寒山夜宿的情景，极富生活气息，且极具艺术感染力。

sòng líng chè shàng rén
送灵澈上人❶

刘长卿

cāngcāng zhú lín sì, yǎo yǎo zhōngshēng wǎn
苍苍竹林寺❷，杳杳钟声晚❸。

hè lì dài xī yáng, qīng shān dú guī yuǎn
荷笠带夕阳❹，青山独归远。

清樊圻绘《秋山萧寺图》

注释

❶灵澈上人：中唐时期的一位著名诗僧。上人：对僧人的尊称。❷竹林寺：在江苏省镇江市南。❸杳杳：深远幽暗。这里指从远处传来。❹荷：背着。

解说

苍茫的暮色笼罩着竹林寺，远处传来寺庙悠长的晚钟声。灵澈上人背着斗笠，披着夕阳的余晖，独自向青山深处走去，越来越远。这首诗描写竹林寺傍晚的景色以及和好友分别时的情景，语言朴素精练，写出了诗人对灵澈上人的真挚友情，意境淡泊而幽深，令人回味不已。

tīng tán qín
听弹琴

刘长卿

líng líng qī xián shàng jìng tīng sōng fēng hán
泠泠七弦上❶，静听松风寒❷。

gǔ diào suī zì ài jīn rén duō bù tán
古调虽自爱❸，今人多不弹。

注释

❶泠泠：本指水声，此处指琴声。七弦：指有七弦的古琴。❷松风寒：指寒风吹拂松林的松涛声。琴曲中有《风入松》的调名。❸古调：古曲。

解说

七弦琴奏出清幽的琴声，静听就像寒风吹过松林。我虽然很喜爱这古时曲调，可惜现在的人们大多已不再弹奏了。这是一首托物言志诗，借弹琴抒写诗人曲高和寡、世无知音的感慨，以及因自己得不到赏识而愤世嫉俗的情感。全诗语言含蓄，意境清雅，志趣高洁，弥漫于字里行间的寂寞情怀感人肺腑。

佚名绘《停琴图》

chóngsòng péi láng zhōng biǎn jí zhōu

重送裴郎中贬吉州❶

刘长卿

yuán tí kè sàn mù jiāng tóu rén zì shāng xīn shuǐ zì liú

猿啼客散暮江头，人自伤心水自流。

tóng zuò zhú chén jūn gèng yuǎn qīng shān wàn lǐ yì gū zhōu

同作逐臣君更远❷，青山万里一孤舟。

注释

❶重：再一次。此前诗人写过一首同题的五言律诗。贬：降职发配。裴郎中：即裴虬。吉州：今江西省吉安市。❷逐：被流放。

解说

黄昏时分，猿声哀鸣，送客的人群已四散走开；只有自己还留在江头独自伤心，而无情的江水却只管载着离人奔流。我们俩同时被放逐，而你被贬谪的地方更远，一叶扁舟在万里青山之中孤独地远行。这是一首悲凉的送别诗，表现作者与友人同为天涯沦落人，互相怜惜、难舍难分的真挚感情。

五代董源绘《夏景山口待渡图》（局部）

清殿藏本杜甫画像

作者简介

杜甫（712~770）：唐代诗人。字子美，祖籍襄阳（今湖北襄阳）人。其诗大胆揭露当时社会矛盾，许多作品显示出唐代由开元、天宝盛世转向分裂衰微的历史过程，被称为“诗史”。善于运用各种诗歌形式，风格多样，语言精练，为我国古代诗歌艺术发展的又一高峰。与李白齐名，世称“李杜”。宋以后被尊为“诗圣”，对历代诗歌创作影响巨大。

qián chū sài

前出塞❶

杜　甫

wǎn gōng dāng wǎn qiáng　yòng jiàn dāng yòng cháng
挽弓当挽强❷，用箭当用长。
shè rén xiān shè mǎ　qín zéi xiān qín wáng
射人先射马，擒贼先擒王。
shā rén yì yǒu xiàn　liè guó zì yǒu jiāng
杀人亦有限❸，列国自有疆❹。
gǒu néng zhì qīn líng　qǐ zài duō shā shāng
苟能制侵陵❺，岂在多杀伤！

注释

❶前出塞：杜甫写有多首《出塞》，先写的九首称《前出塞》，后写的五首称《后出塞》。❷挽：拉开。强：指硬弓。❸亦有限：也应该有个限度。❹列国：各国。疆：疆界，边界。❺制：制止。侵陵：侵犯。

解说

拉弓就应当拉硬弓，用箭就应当用长箭。射人时要先射他的马，擒敌时要先捉他们的头。杀人应该有个限度，各国都有自己的边界。如果能够制止侵犯，又何必追求杀伤了多少敌人呢！这首诗用通俗而富有哲理的语言，写如何杀敌制胜以及对战争的看法。诗人赞成正义战争，反对外族侵扰和无休止征战，体现了他关心国家安定与维护百姓利益的立场。

望岳

wàng yuè

杜甫

dài zōng fú rú hé　qí lǔ qīng wèi liǎo
岱宗夫如何❶？齐鲁青未了❷。

zào huà zhōng shén xiù　yīn yáng gē hūn xiǎo
造化钟神秀❸，阴阳割昏晓❹。

dàng xiōng shēng céng yún　jué zì rù guī niǎo
荡胸生层云，决眦入归鸟❺。

huì dāng líng jué dǐng　yì lǎn zhòng shān xiǎo
会当凌绝顶❻，一览众山小。

注释

❶岱宗：泰山的尊称。❷齐鲁：春秋时代的两个国名（在今山东），以泰山为界，齐国在泰山北，鲁国在泰山南。未了：不尽，不断。❸造化：天地，大自然。钟：聚积，集中。❹阴阳：山南面为阳，北面为阴。昏晓：傍晚和早晨。这里指光线明暗。❺决眦：裂开眼眶。形容极力睁大眼睛。❻会当：定当，定要。凌：登。

明宋旭绘《泰岱千岩图》（局部）

解说

五岳之尊的泰山景色如何？整个齐鲁大地看不尽它的青翠之色。大自然使泰山凝聚了神奇与俊秀，山南山北的明暗差别犹如分割出傍晚和早晨。山中缭绕的层云使人心胸激荡，张目注视，鸟儿在云层中盘旋着纷纷归巢。一定要登上泰山的峰顶，那时众山都会匍匐在你的脚下。这首诗形象地描绘了泰山的高峻与神奇。全诗展现出一种庄严阔大的境界，抒发了诗人青年时代的豪情与抱负，并包含某种哲理意味，具有鼓舞人心的艺术力量，千百年来一直被广为传诵。

清唐岱绘《泰岳苍松图》

chūn wàng
春望

杜甫

guó pò shān hé zài，chéng chūn cǎo mù shēn。
国破山河在❶，城春草木深❷。

gǎn shí huā jiàn lèi，hèn bié niǎo jīng xīn。
感时花溅泪❸，恨别鸟惊心。

fēng huǒ lián sān yuè，jiā shū dǐ wàn jīn。
烽火连三月❹，家书抵万金❺。

bái tóu sāo gèng duǎn，hún yù bú shèng zān。
白头搔更短❻，浑欲不胜簪❼。

注释

❶国破：指京城长安被叛军占领。❷草木深：形容宫苑和居民的住宅长满草木，十分荒芜。❸感时：感叹时事。溅：洒。❹烽火：战争。❺抵：值，相当。❻搔：用手抓。❼浑：简直。不胜簪：插不上发簪。

明臧懋循编《元曲选图》之《安禄山反叛兵戈举》，描绘安禄山举兵叛乱的场景

解说

京城长安被叛军占领，但山河依旧存在，春天到来，古城长满野草，一片荒芜。感伤时事，见到花开不禁黯然落泪；怨恨离别，听到鸟鸣更觉伤心。战火绵延至今已三个多月，这时候一封家书抵得上万两黄金。满头白发越搔越短，简直连发簪都快插不住了。这首诗写于安史之乱叛军攻下唐都长安之后，诗人来到长安，不禁触景生情，描绘了都城一片荒芜、悲凉的景象，表达了忧国忧民的愁绪和对亲人的思念之情。

yuè yè
月夜

杜甫

jīn yè fū zhōu yuè　guī zhōng zhǐ dú kàn
今夜鄜州月❶，闺中只独看❷。
yáo lián xiǎo ér nǚ　wèi jiě yì cháng ān
遥怜小儿女，未解忆长安❸。
xiāng wù yún huán shī　qīng huī yù bì hán
香雾云鬟湿❹，清辉玉臂寒❺。
hé shí yǐ xū huǎng　shuāng zhào lèi hén gān
何时倚虚幌❻，双照泪痕干❼。

注释

❶鄜州：今陕西富县。当时诗人的妻子在此州。❷闺中：指诗人的妻子。❸未解：不懂。❹云鬟：指妇女乌黑的发髻。❺清辉：清冷的月光。❻虚幌：薄而透明的窗帘。❼双照：月光同照二人。

清钱慧安绘杜甫《月夜》“香雾云鬟湿，清辉玉臂寒”诗意图

解说

今夜鄜州的月亮格外明亮，妻子在家中独自望月。可怜我那远方幼小的儿女，还不懂得母亲对远在长安父亲的思念之情。雾气沾湿了妻子的秀发，清冽的月光使她的玉臂寒冷。什么时候才能和她倚靠在透明的帷帐旁共赏明月，让月光照干我们的泪痕呢！这首诗写诗人独陷长安，月夜怀乡，思念妻子的情景，表达了诗人对结束战乱、亲人团聚的热切盼望。全诗语言含蓄，词旨婉切，感情真挚，动人心弦。

jiāng cūn
江村

杜甫

qīng jiāng yì qū bào cūn liú　cháng xià jiāng cūn shì shì yōu
清江一曲抱村流[1]，长夏江村事事幽[2]。

zì qù zì lái liáng shàng yàn　xiāng qīn xiāng jìn shuǐ zhōng ōu
自去自来梁上燕，相亲相近水中鸥。

lǎo qī huà zhǐ wéi qí jú　zhì zǐ qiāo zhēn zuò diào gōu
老妻画纸为棋局[3]，稚子敲针作钓钩[4]。

dàn yǒu gù rén gōng lù mǐ　wēi qū cǐ wài gèng hé qiú
但有故人供禄米[5]，微躯此外更何求？

注释

❶抱：环绕。❷长夏：白日漫长的盛夏。幽：幽静。❸棋局：棋盘。❹稚子：幼子。❺故人：老朋友。

清吴友如绘《古今人物图》之杜甫《江村》“老妻画纸为棋局，稚子敲针作钓钩”诗意图

解说

一湾清江环绕着村庄流过，长长夏日中事事都幽雅恬静。梁上的燕子自来自去，水中的鸥鸟相亲相爱。老妻在纸上画出棋盘，幼子把针敲弯做成钓钩。只要有老朋友周济一些禄米，我这微贱之躯还有什么要求呢？这首诗以淳朴的笔调，描写浣花溪畔幽美宁静的自然风光和村居生活清悠闲适的情趣，将夏日江村最寻常的景象，描绘得真切生动，自然可爱，颇具田园诗幽雅恬淡的风韵。

清钱慧安绘杜甫《江村》“自去自来梁上燕，相亲相近水中鸥。老妻画纸为棋局，稚子敲针作钓钩”诗意图

客至

kè zhì

杜甫

shè nán shè běi jiē chūn shuǐ　dàn jiàn qún ōu rì rì lái
舍南舍北皆春水❶，但见群鸥日日来。
huā jìng bù céng yuán kè sǎo　péng mén jīn shǐ wèi jūn kāi
花径不曾缘客扫❷，蓬门今始为君开❸。
pán sūn shì yuǎn wú jiān wèi　zūn jiǔ jiā pín zhǐ jiù pēi
盘飧市远无兼味❹，樽酒家贫只旧醅❺。
kěn yǔ lín wēng xiāng duì yǐn　gé lí hū qǔ jìn yú bēi
肯与邻翁相对饮❻，隔篱呼取尽余杯。

注释

❶舍：指成都浣花溪畔的草堂。❷花径：花木间的小径。缘：因为。❸蓬门，即柴门。❹飧：本指熟食，此处指菜肴。兼味：各种味道的菜肴。❺樽：古代酒器。旧醅：隔年的酒。醅，未经过滤的米酒。❻肯：能不能。

清袁耀绘《山水人物图》（局部），描绘杜甫《客至》“舍南舍北皆春水”诗意

解说

草堂南面北面都是清清的春水，只见成群的白鸥天天飞来。长满花草的小路不曾因为客人到来而打扫，紧闭的柴门今天为您的光临而打开。因为远离集市，盘中的菜肴并不丰盛；由于家中贫寒，杯中只有未过滤的陈酒。如果客人肯与邻居老翁举杯对饮，那就隔着篱笆喊他过来一起饮完最后几杯。这是一首迎客诗，前后映衬，结构巧妙，洋溢着浓郁的生活气息，充满人情味，同时表现出诗人款待客人的热诚和率真，以及宾主共饮的忘情之乐。

清王时敏绘杜甫《客至》“花径不曾缘客扫，蓬门今始为君开”诗意图

jué jù màn xìng
绝句漫兴

杜 甫

sǎn jìng yáng huā pū bái zhān diǎn xī hé yè dié qīng qián
糁径杨花铺白毡❶，点溪荷叶叠青钱❷。

sǔn gēn zhì zǐ wú rén jiàn shā shàng fú chú bàng mǔ mián
笋根雉子无人见❸，沙上凫雏傍母眠❹。

注释

❶糁：米饭粒。毡：毡子，用羊毛等压成的毯状物。❷点：点缀。青钱：铜钱。这里比喻荷叶。❸雉子：小野鸡。❹凫雏：小野鸭。

解说

米饭粒似的杨花飘落下来，仿佛在小路上铺了一层白毡；点缀在溪水里的荷叶，像一叠叠绿色的铜钱。竹笋丛中的小野鸡随意走动没人看见，而沙洲上的小野鸭正靠在妈妈的怀里安睡。这首诗写初夏景色，写景细致，极具工笔画的韵味。此诗语言通俗生动，意境清新隽永，充满生活情趣。

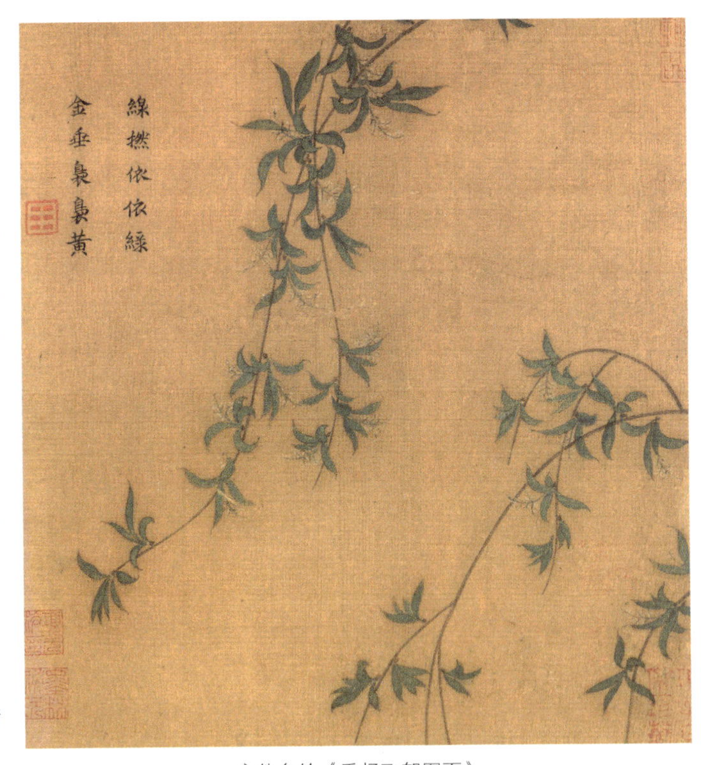

宋佚名绘《垂杨飞絮图页》

春夜喜雨
chūn yè xǐ yǔ

杜 甫

好雨知时节❶，当春乃发生❷。
随风潜入夜，润物细无声❸。
野径云俱黑❹，江船火独明❺。
晓看红湿处❻，花重锦官城❼。

注释

❶好雨：指春雨。❷乃：即，就。发生：指植物萌发生长。❸润物：万物受到水分的滋润。❹野径：乡间小路。❺江船：江面上的船只。❻红湿处：鲜艳湿润的一丛丛花枝。❼花重：花沾雨水，显得饱满沉重的样子。锦官城：今四川省成都市。

解说

多好的春雨啊，就像懂得节令似的，正当春天万物萌发的时候降临。春雨和着微风在夜里悄悄地下着，滋润万物没有一点儿声响。田间小路与云层都是一片漆黑，只有江上渔船的灯火格外明亮。清晨起来看远近鲜红湿润的花丛，只觉得锦官城里的花儿都显得沉甸甸的，色泽更浓艳了。这是一首赞美春雨的诗，诗人怀着喜悦的心情，通过赞雨、听雨、看雨及想象雨后情景，抒发了对春夜雨景的特殊感情，准确细腻地描绘出春天雨后的美景。

清恽冰绘《花石图》

zèng huā qīng

赠花卿❶

杜 甫

jǐn chéng sī guǎn rì fēn fēn　bàn rù jiāngfēng bàn rù yún
锦城丝管日纷纷❷，半入江风半入云❸。
cǐ qǔ zhǐ yīng tiān shàng yǒu　rén jiān néng dé jǐ huí wén
此曲只应天上有❹，人间能得几回闻？

注释

❶花卿：即花敬定，是当时成都尹崔光远的部将。❷锦城：今四川省成都市。丝管：弦乐和管乐的总称。纷纷：指看不见摸不着的抽象乐曲。❸江：指流经成都城郊的锦江。❹天上：双关语，表面上指天宫，实指帝王。

解说

锦官城上空每天飘着轻美的管弦乐曲，这乐曲从宴席上飞出，随风飘荡在锦江上，又轻轻飘入白云间。如此美妙的音乐只有天上才有，人间的百姓又能听到几回呢？这首诗表面上写花卿家乐曲如同仙乐般美妙，实际上是讽刺他不顾国家安危，过着帝王般的奢华生活。诗的妙处不在于其深层讽喻，而在于它描写得生动传神，尤其后两句，常被人用来赞美他人演奏技艺的高妙。

五代顾闳中绘《韩熙载夜宴图》（局部）

jiāng pàn dú bù xún huā
江畔独步寻花

杜 甫

huáng sì niáng jiā huā mǎn xī qiān duǒ wàn duǒ yā zhī dī
黄四娘家花满蹊❶，千朵万朵压枝低。

liú lián xì dié shí shí wǔ zì zài jiāo yīng qià qià tí
留连戏蝶时时舞❷，自在娇莺恰恰啼❸。

明黄凤池编《唐诗画谱》中的杜甫《江畔独步寻花》（黄四娘家花满蹊）诗意图

注释

❶黄四娘：杜甫住在四川成都浣花溪边时的女邻居。蹊：小路。❷留连：留恋，舍不得离去。戏蝶：花间玩耍的蝴蝶。❸自在：自由自在。恰恰：频频，不断。

解说

黄四娘家四周的小路旁开满五颜六色的鲜花，千朵万朵花儿压弯了树枝。恋花的蝴蝶在花丛中飞舞嬉戏，自由自在的黄莺在花枝间不断地啼叫。这首诗描绘了一幅清新优美的春景图画，也反映出作者饱经离乱后终于得到安身处所的欣慰之情。全诗语言朴素，生趣盎然，具有民歌风味。

jiāng pàn dú bù xún huā

江畔独步寻花

杜　甫

huáng shī tǎ qián jiāng shuǐ dōng　　chūn guāng lǎn kùn yǐ wēi fēng
黄师塔前江水东❶，春光懒困倚微风❷。
táo huā yí cù kāi wú zhǔ　　kě ài shēn hóng ài qiǎn hóng
桃花一簇开无主❸，可爱深红爱浅红？

清范廷镇绘《桃花雏燕图》

注释

❶黄师塔：一座僧墓。蜀人称僧为师，称僧墓为塔。东：向东。❷倚：倚仗。这里指在微风的吹拂下。❸一簇：一丛。无：没有。

解说

黄师塔前的江水向东滚滚流去，在和煦微风的吹拂下，使人感到又懒又困。一丛盛开的桃花似乎没有主人，你是喜欢深红的桃花还是爱浅红的桃花呢？这首诗写春花盛开的景象，语言随意而生动，也反映出诗人当时生活的喜悦和满足。诗以问句结束，不禁暗示了桃花丰富的色泽，更增添了几分活泼的情趣。

lǚ yè shū huái
旅夜书怀

杜 甫

xì cǎo wēi fēng àn, wēi qiáng dú yè zhōu
细草微风岸，危樯独夜舟❶。

xīng chuí píng yě kuò, yuè yǒng dà jiāng liú
星垂平野阔❷，月涌大江流❸。

míng qǐ wén zhāng zhù, guān yīng lǎo bìng xiū
名岂文章著❹，官应老病休。

piāo piāo hé suǒ sì, tiān dì yì shā ōu
飘飘何所似❺？天地一沙鸥❻。

注释

❶危樯：高高的桅杆。❷星垂：星光低垂。指星光下照。❸月涌：月影涌动。❹岂：哪里，怎会。著：显著。❺飘飘：形容漂泊无依。❻沙鸥：栖息在沙洲上的鸥鸟。

解说

清王瓛绘《月夜横舟图》

微风吹拂着岸边的细草，一艘高耸桅杆的小船行进在夜色笼罩的江中。繁星低垂，衬托出原野的广阔；月影摇曳，随大江的奔流而涌动。名气哪会是因为文章而显著？我年老多病，自应免官退休。四处漂泊的我像什么呢？恰如天地间一只孤零零的沙鸥。这首诗写于作者离开成都草堂，乘舟东下途中。先写景后抒情，通过对旅夜所见景色描写，抒发诗人晚年漂泊无依的感伤，抱负无法实现的悲愤，感人至深。

wén guān jūn shōu hé nán hé běi

闻官军收河南河北

杜甫

jiàn wài hū chuánshōu jì běi　　chū wén tì lèi mǎn yī cháng
剑外忽传收蓟北❶，初闻涕泪满衣裳。
què kàn qī zǐ chóu hé zài　　màn juǎn shī shū xǐ yù kuáng
却看妻子愁何在❷，漫卷诗书喜欲狂❸。
bái rì fàng gē xū zòng jiǔ　　qīng chūn zuò bàn hǎo huánxiāng
白日放歌须纵酒，青春作伴好还乡❹。
jí cóng bā xiá chuān wū xiá　　biàn xià xiāngyángxiàng luò yáng
即从巴峡穿巫峡❺，便下襄阳向洛阳❻。

注释

❶剑外：剑门关外。这里指蜀地。蓟北：泛指蓟州、幽州一带，在今河北省北部。❷却看：回头看。妻子：妻子和儿女。❸漫卷：胡乱卷起来，指兴奋得读不下书。❹青春：指春天。❺巴峡：指重庆市巴南区境内的一段峡谷。巫峡：长江三峡之一，在今重庆市巫山县至湖北省巴东县之间。❻襄阳：今湖北襄阳市。洛阳：诗人的故乡。

解说

剑门关外忽然传来官军收复蓟北的消息，刚听到这一喜讯，我高兴得泪水沾湿了衣衫。回头看到妻子和儿女脸上的愁云也一扫而尽，我胡乱卷起书本，兴奋得简直要发狂。阳光和煦的日子，我放声歌唱，开怀畅饮，伴着明媚的春光返回故乡。马上就从巴峡穿过巫峡，又顺流直下襄阳奔向老家洛阳。这是一首著名的抒情诗，描写诗人听到官军收复河南河北后欣喜若狂的心情，表达了他渴望平息战乱、回乡与亲人团聚的愿望。全诗语言明快爽朗，率性而写，句句有喜色，被称为杜甫“生平第一首快诗”。

清袁耀绘《巫峡秋涛图》

jué jù

绝 句

杜 甫

chí rì jiāng shān lì, chūn fēng huā cǎo xiāng

迟日江山丽❶，春风花草香。

ní róng fēi yàn zǐ, shā nuǎn shuì yuānyāng

泥融飞燕子❷，沙暖睡鸳鸯❸。

清王武绘《桃柳鸳鸯图》，描绘杜甫《绝句》（迟日江山丽）诗意

注释

❶迟日：指春日。❷泥融：泥土酥软。❸鸳鸯：一种水鸟，常成对地生活在水上。

解说

春天来了，江山显得格外秀丽；春风吹拂，送来阵阵花草的清香。泥土酥软，燕子上下翻飞；那边温暖的沙滩上，一对对鸳鸯在静静地安睡。这首诗描绘了一幅生机盎然的春景图，格调清新，对仗工整，动静结合，充满诗情画意。

jué jù
绝句

杜甫

jiāng bì niǎo yú bái　　shān qīng huā yù rán
江碧鸟逾白❶，山青花欲燃❷。
jīn chūn kàn yòu guò　　hé rì shì guī nián
今春看又过，何日是归年？

注释

❶逾：更加。❷花欲燃：花红得像一团要燃烧的火一样。

解说

在碧绿江水的映衬下，鸟儿的羽毛显得更加洁白；在青翠山峦的衬托下，花儿红得仿佛要燃烧起来。眼看今年的春天就要过去，不知道哪一天才是我回家的日子？诗人描写绚丽春景，触景生情，思乡之情油然而生。这首诗以思乡情与美景作对比，以乐景写哀情，别具韵味。

清马骀绘杜甫《绝句》（江碧鸟逾白）诗意图

绝句（jué jù）

杜甫

liǎng gè huáng lí míng cuì liǔ　yì háng bái lù shàng qīng tiān
两个黄鹂鸣翠柳❶，一行白鹭上青天❷。
chuāng hán xī lǐng qiān qiū xuě　mén bó dōng wú wàn lǐ chuán
窗含西岭千秋雪❸，门泊东吴万里船❹。

注释

❶黄鹂：黄莺，羽毛黄色，叫声悦耳。❷白鹭：即鹭鸶，羽毛纯白，能振翅高飞。❸窗含：窗对雪岭，好似窗框里的画。西岭：成都西面的岷山。❹东吴：指长江下游的江苏一带。

解说

两只黄鹂在碧绿的柳树间鸣叫，一行白鹭振翅飞上蓝天。远方西岭山上那长年不化的雪景，像是嵌在窗框里的一幅画，门外江边停泊着不远万里而来的东吴船只。这首写景诗，对仗工整，描绘诗人在成都草堂向外看到的景色，动静参差，远近错落，色彩艳丽，格调明朗，画面栩栩如生。

佚名绘《黄鹂翠柳图》

dēng gāo
登高

杜甫

fēng jí tiān gāo yuán xiào āi，zhǔ qīng shā bái niǎo fēi huí
风急天高猿啸哀❶，渚清沙白鸟飞回❷。

wú biān luò mù xiāo xiāo xià，bú jìn cháng jiāng gǔn gǔn lái
无边落木萧萧下❸，不尽长江滚滚来。

wàn lǐ bēi qiū cháng zuò kè，bǎi nián duō bìng dú dēng tái
万里悲秋常作客❹，百年多病独登台❺。

jiān nán kǔ hèn fán shuāng bìn，liáo dǎo xīn tíng zhuó jiǔ bēi
艰难苦恨繁霜鬓❻，潦倒新停浊酒杯❼。

注释

❶猿啸：猿鸣声。❷渚：水中小沙洲。回：回旋。❸萧萧：风吹落叶声。❹常作客：长期漂泊他乡。❺百年：指一生。❻繁：比喻白色。❼潦倒：穷困失意。

清王时敏绘杜甫《登高》"无边落木萧萧下，不尽长江滚滚来"诗意图（局部）

解说

秋风呼啸，天高云淡，猿声凄厉悲哀；江水清澈，沙洲洁白，鸟儿振翅回旋。无边无际的秋叶萧萧落下，奔流不息的长江滚滚而来。秋景凄凉，我常年漂泊作客他乡；一生多病，重阳节独自登上高台。经历太多的艰辛困顿，使我两鬓苍苍；本来可以借酒消愁，却因穷困潦倒而被迫戒酒。这首诗先写江边秋景，继而由景生情，倾诉诗人长年漂泊孤老病愁的复杂感受。虽格调悲凉，却气势磅礴，境界宏阔，充分展示了杜甫诗歌的艺术风格。

dēng yuè yáng lóu

登岳阳楼❶

杜　甫

xī wén dòng tíng shuǐ, jīn shàng yuè yáng lóu

昔闻洞庭水，今上岳阳楼。

wú chǔ dōng nán chè, qián kūn rì yè fú

吴楚东南坼❷，乾坤日夜浮❸。

qīn péng wú yí zì, lǎo bìng yǒu gū zhōu

亲朋无一字❹，老病有孤舟。

róng mǎ guānshān běi, píng xuān tì sì liú

戎马关山北❺，凭轩涕泗流❻。

注释

❶岳阳楼：在今湖南省岳阳市，下临洞庭湖。❷吴楚：春秋时吴国和越国的故地，即今江苏、浙江、湖南、湖北一带。坼：分裂。❸乾坤：天地。❹无一字：没有一点音信。❺戎马：指战争。❻凭轩：靠着窗槛。轩，有窗槛的长廊或小室。泗：鼻涕。

解说

过去就听说过洞庭湖，今日才登上岳阳楼。春秋时期吴、楚两国的故地已被分隔在东南两边，天地日月似乎昼夜漂浮在湖中。亲朋好友音信全无，年老多病的我只有一叶孤舟。关山北面的战火不停，我倚窗远望，涕泪交流。这首诗写于诗人晚年，对仗工整，用韵谨严，以景物与人生漂泊之痛相映衬，将诗人忧国伤时之痛与洞庭湖壮伟景象和谐统一，抒情悲壮动人，具有极好的艺术效果。

明蔡远绘《岳阳大观图》

江南逢李龟年[1]

jiāng nán féng lǐ guī nián

杜 甫

qí wáng zhái lǐ xún cháng jiàn cuī jiǔ táng qián jǐ dù wén
岐王宅里寻常见[2]，崔九堂前几度闻[3]。
zhèng shì jiāng nán hǎo fēng jǐng luò huā shí jié yòu féng jūn
正是江南好风景，落花时节又逢君。

注释

❶李龟年：唐朝著名音乐家。❷岐王：唐玄宗之弟李范，封岐王。寻常：经常。❸崔九：贵族崔涤，排行第九，与唐玄宗关系密切。

解说

从前，我经常在岐王府里见到您，也多次在崔九堂前听过您的歌声。如今，正是江南风光最美的时候，没想到在繁花凋零的时节又遇到了您。这首诗借与友人久别重逢，表现安史之乱前后的沧桑世变，抒发诗人对社会及个人身世的无限感慨。本诗语言质朴，蕴含丰富，可谓举重若轻，浑然无迹。

清冷枚绘《十宫词图册》之唐宫图

bā zhèn tú
八阵图❶

杜 甫

gōng gài sān fēn guó　míngchéng bā zhèn tú
功盖三分国❷，名成八阵图。
jiāng liú shí bú zhuàn　yí hèn shī tūn wú
江流石不转❸，遗恨失吞吴❹。

注释

❶八阵图：古时候打仗用的一种阵式。据说刘备伐吴时，诸葛亮曾在长江边用石头垒成八阵图的阵式。❷盖：超过。三分国：指东汉末年魏、蜀、吴三国鼎立的局面。❸石不转：传说诸葛亮的八阵图始终不变，即使夏天被大水淹没，冬天水退后又恢复原样。❹失吞吴：灭吴为失策。刘备不听诸葛亮劝谏，伐吴失败，死在白帝城。

解说

三分天下，诸葛亮功业盖世，他声名大震，主要归功于所创的八阵图。江水流逝，石阵却岿然不动，可惜刘备失策伐吴，铸成千古遗恨。这首诗通过凭吊古迹，赞颂诸葛亮的盖世之功，并道出其大业未成的客观原因之一，为之深表惋惜。诗文言简意赅，引人深思。

清郭中孚绘《三国故事》中的诸葛亮与关羽画像

作者简介 岑参（约715～770）：唐代诗人。江陵（今湖北荆州）人。诗与高適齐名，并称“高岑”。由于从军西域多年，对边塞生活体验深刻，善于描绘异域风光和战争景象。其诗气势豪迈，情辞慷慨，语言变化自如。尤擅七言歌行。

shān fáng chūn shì
山房春事

岑　参

liángyuán rì mù luàn fēi yā jí mù xiāo tiáo sān liǎng jiā
梁园日暮乱飞鸦❶，极目萧条三两家❷。
tíng shù bù zhī rén qù jìn chūn lái hái fā jiù shí huā
庭树不知人去尽❸，春来还发旧时花❹。

注释

❶梁园：西汉景帝时梁孝王宫苑，又名兔园，故址在今河南商丘市东。这里借指富贵人家。❷极目：放眼远望。萧条：荒凉。❸庭树：庭园中的树木。去：离去。❹旧时花：与当年同样艳丽的花朵。

解说

太阳落山了，梁园中一群乌鸦乱飞乱叫，放眼望去，满目荒凉，只有三两户人家。庭园里的树木不知道人已散尽，到了春天依然开着与当年同样艳丽的花朵。这首诗为吊古之作，先描绘梁园中的荒凉之象，后以树上新开的花朵为反衬，以乐景写哀情，使得物是人非的吊古之情更为深沉感人。

清袁江绘《梁园飞雪图》（局部）

féng rù jīng shǐ 逢入京使[1]

岑 参

gù yuán dōng wàng lù màn màn shuāng xiù lóng zhōng lèi bù gān
故园东望路漫漫[2]，双袖龙钟泪不干[3]。

mǎ shàng xiāng féng wú zhǐ bǐ píng jūn chuán yǔ bào píng ān
马上相逢无纸笔，凭君传语报平安[4]。

注释

❶逢入京使：遇到了回京的使者。作者当时在赴安西边防途中。❷故园：家乡，此指长安。❸龙钟：原指体衰，这里形容流泪的样子。❹凭：凭着，依靠。

解说

回头向东眺望故乡长安，道路是那么遥远；思乡使我泪流满面，沾湿衣袖，模糊了视线。骑马赶路时，正好遇到回京的使者，因为没有纸笔，只好托你给家里捎个平安的口信。这首诗抓住赴任途中遇到回京使者这一情景，写出诗人初出边塞时的思乡之情，语言朴实无华，感情真挚感人，既有对故乡眷恋的无限柔情，也表现出诗人豪迈的开阔胸襟，读后令人历久不忘。

明戴进绘《关山行旅图》

作者简介 刘方平（生卒年不详）：洛阳（今属河南）人。天宝前期曾应进士试，又欲从军，均未如意，从此隐居颍水、汝河之滨，终生未仕。工诗，善画山水。其诗多咏物写景之作，尤擅绝句。

月夜

yuè yè

刘方平

gēngshēn yuè sè bàn rén jiā，běi dǒu lán gān nán dǒu xié。

更深月色半人家❶，北斗阑干南斗斜❷。

jīn yè piān zhī chūn qì nuǎn，chóngshēng xīn tòu lǜ chuāng shā。

今夜偏知春气暖❸，虫声新透绿窗纱❹。

注释

❶更深：半夜以后。更：古代夜里计时单位，一夜分为五更，每更约两小时。半人家：指月亮照亮半个庭院。❷阑干：横斜的样子。南斗：二十八宿之一，有六颗星。❸偏知：出乎意料地感觉到。❹新：首次。

解说

深夜的月光照着半边庭院，北斗星和南斗星横斜在夜空。今晚出乎意料地感觉到初春的暖意，虫儿的叫声首次透入绿色的窗纱。这首诗通过月夜对春天气息的感受和初闻虫声的描写，细腻地刻画了春天来到的事实，构思新颖，饱含清新。

清陆恢绘《仕女图》

作者简介

张继：唐代诗人。字懿孙，襄州（今湖北襄阳）人。其诗多登临纪行之作，风格清远，不事雕琢，《枫桥夜泊》最有名。

fēng qiáo yè bó

枫桥夜泊①

张　继

yuè luò wū tí shuāng mǎn tiān, jiāng fēng yú huǒ duì chóu mián
月落乌啼霜满天，江枫渔火对愁眠②。

gū sū chéng wài hán shān sì, yè bàn zhōng shēng dào kè chuán
姑苏城外寒山寺③，夜半钟声到客船④。

清张宗苍绘《寒山晓钟图》

注释

①枫桥：在苏州城外的枫桥镇。②江枫：江边的枫树。渔火：渔船上的灯火。③姑苏：苏州的别称。寒山寺：在枫桥的东边。④夜半钟声：当时寺院的习惯，在夜半时候敲钟。

解说

夜深月落，乌鸦啼叫，秋霜满天；江边枫树婆娑，渔船灯火点点，思乡的愁绪使我难以入眠。姑苏城外寒山寺的钟声悠长，半夜时分飘进我乘坐的客船。这首诗通过记叙在枫桥夜泊时所见所闻所感，刻画了江南水乡秋夜的幽美景色，表现出诗人旅途的孤寂情怀。全诗意境清远，情景交融，读来韵味无穷。

作者简介 钱起（约720～约782）：唐代诗人。字仲文，吴兴（今浙江湖州）人。“大历十才子”之一，又与郎士元齐名，并称“钱郎”。诗以五言为主，多送别酬赠之作。

归雁（guī yàn）

钱起

xiāo xiāng hé shì děng xián huí　shuǐ bì shā míng liǎng àn tái
潇湘何事等闲回❶？水碧沙明两岸苔。
èr shí wǔ xián tán yè yuè　bú shèng qīng yuàn què fēi lái
二十五弦弹夜月❷，不胜清怨却飞来❸？

注释

❶潇湘：即湖南的潇水、湘江。等闲：随便。回：湖南衡阳有回雁峰，相传北雁南飞，至此即回。❷二十五弦：指古乐器瑟。❸不胜：不能忍受。清怨：凄清的愁怨。

解说

雁儿呀，你为什么要轻易离开潇水、湘江而飞回来呢？那儿碧波荡漾，沙滩明净，两岸水草丰盛。一定是湘江女神在月色下鼓瑟，那凄婉哀怨的曲调使你不忍心听下去才飞回来的吧？这首诗通过描写大雁北归，由此产生对潇湘春夜的联想，委婉地表露出诗人宦游他乡的思乡之愁，构思新颖。

清边寿民绘《雁落平沙图》

作者简介

郎士元：字君胄，中山（今河北定州）人。大历间与钱起齐名，并称“钱郎”。诗多酬赠送别之作，诗风清丽闲雅，以五律见长。

bǎi lín sì nán wàng

柏林寺南望

郎士元

xī shàng yáo wén jīng shè zhōng　bó zhōu wēi jìng dù shēn sōng

溪上遥闻精舍钟❶，泊舟微径度深松❷。

qīng shān jì hòu yún yóu zài　huà chū xī nán sì wǔ fēng

青山霁后云犹在❸，画出西南四五峰。

注释

❶精舍：寺庙，这里指柏林寺。❷微径：小路。度：经过。❸霁：雨后初晴。

解说

远在溪上便听到柏林寺的悠扬钟声，把小船停泊好，便沿着曲折的小路穿行在密密的松柏林里。雨后初晴，满山青翠，白云悠悠飘荡；朝西南望去，蓝天白云下，几座青峰错落有致，如诗如画。这首诗描绘柏林寺雨后的景色，清新自然，颇有韵味，不仅描绘出大自然的美，也反映出诗人热爱自然的心情。

明黄凤池编《唐诗画谱》中的郎士元《柏林寺南望》诗意图

作者简介

韩翃：唐代诗人。字君平，南阳（今属河南）人。“大历十才子”之一。诗多酬赠送别之作，《寒食》诗较有名。

hán shí
寒食❶

韩翃

chūnchéng wú chù bù fēi huā　hán shí dōngfēng yù liǔ xié
春城无处不飞花，寒食东风御柳斜❷。
rì mù hàn gōngchuán là zhú　qīng yān sàn rù wǔ hóu jiā
日暮汉宫传蜡烛❸，轻烟散入五侯家❹。

注释

❶寒食：清明前两天，按风俗家家禁火，只吃现成食物，故名寒食。❷东风：春风。御柳：皇宫里的柳树。❸汉宫：汉朝的宫廷，实际上是以汉宫指唐宫。传蜡烛：寒食节普天下禁火，但权贵宠臣可得到皇帝恩赐而燃烛。❹五侯：指贵族宠臣。

解说

春天的长安城内处处落花飘飞，寒食节的春风吹拂着皇宫内的柳枝。黄昏时分，皇宫里传递出朝廷特赐的蜡烛，缕缕烛烟散入那些官宦权臣家中。这是一首政治讽刺诗，诗人以汉喻唐，借用寒食节“传蜡烛”习俗，揭示贵族宠臣权势日盛、朝政日非的现状。全诗寓意含蓄，意境幽深，耐人寻味。

清孙祐、周鲲、丁观鹏等绘《汉宫春晓图》（局部）

作者简介

司空曙：唐代诗人。字文明，洺州（今河北永年东南）人。“大历十才子”之一。其诗多写自然景色和乡情旅思，或寄意幽境，或直抒哀愁，较长于五律。

jiāng cūn jí shì

江村即事

司空曙

diào bà guī lái bú xì chuán　jiāng cūn yuè luò zhèng kān mián

钓罢归来不系船❶，江村月落正堪眠❷。

zòng rán yí yè fēng chuī qù　zhǐ zài lú huā qiǎn shuǐ biān

纵然一夜风吹去❸，只在芦花浅水边❹。

注释

❶系：捆拴后打结。❷堪：可以，能够。❸纵然：即使。风吹去：指把船吹走。❹芦花：芦苇花轴上密生的白毛。

解说

钓鱼归来，不用将船系在岸边，江村上空的月亮已经落下，正是睡眠的好时光。即使夜里起风把船吹走，也只会吹到长满芦花的浅水边。这首诗描写江村渔人夜钓归来的情景，表现了钓鱼人闲适自在的心态和江村宁静优美的景色。全诗语言率真，清新自然，与诗中描绘的意境相得益彰。

清马骀绘司空曙《江村即事》诗意图

作者简介

李端：字正己，赵州（今河北赵县）人。“大历十才子”之一，担任过秘书省校书郎、杭州司马等职。其诗多为送别应酬之作，尤喜作律体。

bài xīn yuè
拜新月❶

李　端

kāi lián jiàn xīn yuè，jí biàn xià jiē bài
开帘见新月，即便下阶拜❷。

xì yǔ rén bù wén，běi fēng chuī luó dài
细语人不闻❸，北风吹罗带❹。

近代冯超然绘《拜月图》

注释

❶新月：农历每月初三、初四的月牙儿。❷即：立即。❸细语：对月亮轻声地倾诉。❹罗带：质地稀疏的丝织裙带。

解说

拉开窗帘就看见天上的一弯新月，少女立即走下台阶下拜。她不知轻声细语地说些什么心事，北风吹来，拂动她那轻柔的丝织裙带。这首诗用素描手法描写当时流行的拜月风俗，勾勒出少女优美的动作和亭立的倩影，虽含蓄而秀美，但其纯洁而真挚的情怀跃然纸上，读来如见其人，如闻其声。

作者简介

戴叔伦（732～789）：字幼公，润州金坛（今属江苏）人。其诗多表现隐逸生活和闲适情调，但也有反映百姓生活艰难的诗作。

sān lǘ miào
三闾庙❶

戴叔伦

yuánxiāng liú bú jìn　　qū zǐ yuàn hé shēn
沅湘流不尽❷，屈子怨何深❸。
rì mù qiū fēng qǐ　　xiāo xiāo fēng shù lín
日暮秋风起，萧萧枫树林❹。

注释

❶三闾庙：纪念屈原的庙。屈原曾当过楚国的三闾大夫。❷沅湘：沅江和湘江，都在湖南省，是屈原诗中常咏叹的两条河流。❸屈子：对屈原的尊称。❹萧萧：风吹树叶的声音。

解说

沅江和湘江奔流不息，屈原的悲怨就像这深沉的河水。傍晚时江面上吹起了秋风，枫树林被吹得萧萧作响。这是一首凭吊爱国诗人屈原的作品，前两句用沅江和湘江作比喻，描述屈原的悲怨之深，后两句写景，烘托出缅怀古人的意境，含蓄而隽永，诗句富于感情，读来令人感动。

清吴历绘《人物故事图册》之一（局部），描绘屈原被流放江滨，与渔父问答的场景

lán xī zhào gē

兰溪棹歌❶

戴叔伦

liáng yuè rú méi guà liǔ wān yuè zhōng shān sè jìng zhōng kàn

凉月如眉挂柳湾❷，越中山色镜中看❸。

lán xī sān rì táo huā yǔ bàn yè lǐ yú lái shàng tān

兰溪三日桃花雨❹，半夜鲤鱼来上滩。

注释

❶兰溪：水名，在今浙江省兰溪市西南。棹歌：船歌。❷凉月：清冷的月亮。柳湾：栽有柳树的水湾。❸越中：今浙江省中部。❹桃花雨：桃花开时下的雨，指春雨。

解说

清冷的月亮像弯弯的眉毛挂在河边的柳梢上，越中的山色倒映在平如明镜的溪水中。兰溪一连下了三日春雨，喜好嬉水的鲤鱼半夜跃上了河滩。这首诗描写兰溪夜景，笔触细腻，动静结合，就像一幅细致的工笔画，充满生机，给人以身临其境的感觉。

近代徐韶九绘《鱼戏图》

清人绘《历代名臣像解》中的韦应物画像

作者简介

韦应物（约737～791）：唐代诗人。字义博，京兆万年（今陕西西安）人。其诗以写田园风物著名，寄情悠远，语言简淡。涉及时政和民生疾苦之作，多有佳篇。后世将其与柳宗元并称为“韦柳”。

chú zhōu xī jiàn

滁州西涧❶

韦应物

dú lián yōu cǎo jiàn biān shēng　shàng yǒu huáng lí shēn shù míng

独怜幽草涧边生❷，上有黄鹂深树鸣❸。

chūn cháo dài yǔ wǎn lái jí　yě dù wú rén zhōu zì héng

春潮带雨晚来急，野渡无人舟自横❹。

注释

❶滁州：今安徽省滁州市。西涧：滁州城西的一条小河，俗名上马河。❷怜：爱怜，喜爱。❸深树：树深处。❹野渡：荒僻的渡口。

解说

我唯独喜爱生长在山涧边的野草，树丛的深处还有黄鹂在歌唱。晚潮急涨，还夹带着丝丝春雨，荒僻的渡口没有一个人的影子，只有空荡荡的小船独自横泊在水面上。这是一首富有生趣的山水诗，写春季夜雨河边的景象，各种景色组合在一起，绘出一幅栩栩如生的画面。诗文略带淡淡的伤感，别有一番意境。

清马骀绘韦应物《滁州西涧》诗意图

作者简介 卢纶（约742～约799）：唐代诗人。字允言，河中蒲（今山西永济西南）人。“大历十才子”之一。其诗多送别酬答之作，也有反映军事生活的诗作，以《塞下曲》最为著名。

sài xià qǔ
塞下曲❶

卢　纶

lín àn cǎo jīng fēng　jiāng jūn yè yǐn gōng
林暗草惊风❷，将军夜引弓❸。
píng míng xún bái yǔ　mò zài shí léng zhōng
平明寻白羽❹，没在石棱中❺。

注释

❶塞下曲：古代一种歌曲名，大多描写边塞战事。❷草惊风：草在风中颤动。❸引：拉。❹平明：天刚亮。白羽：尾部装有羽毛的箭，指李广晚间射出的箭。❺没：嵌入，这里指箭头深深插入。石棱：石头表面突起的棱角。

清彭旸绘《射石没镞》扇片，描绘李广射箭入石的场景

解说

树林的深暗处，野草在风中颤动，巡夜的将军赶紧拉弓射箭。天亮的时候去寻找那支有白色羽毛的长箭，发现它竟然被射入石棱之中。这首诗借用汉代“飞将军”李广的传说，歌颂了守边将士的勇武。生动的情节叙述和神话般的夸张使该诗充满浪漫色彩，令人印象深刻，并引发无限的遐思。

作者简介 李益（748～约829）：唐代诗人。字君虞，陇西姑臧（今甘肃武威）人。其诗音律和美，为当时乐工所传唱。长于七绝，以写边塞诗知名，情调感伤。

jiāng nán qǔ
江南曲❶

李 益

jià dé qú táng gǔ　zhāo zhāo wù qiè qī
嫁得瞿塘贾❷，朝朝误妾期❸。
zǎo zhī cháo yǒu xìn　jià yǔ nòng cháo ér
早知潮有信❹，嫁与弄潮儿❺。

注释

❶江南曲：古代歌曲旧题，一般写江南地区的生活。❷贾：商人。❸误妾期：耽误与我讲好的归期。❹潮有信：潮水的涨与落是定时的，称为潮信。❺弄潮儿：指熟悉水性、候潮戏水的人。

解说

清袁江绘《观潮图》

嫁给一个瞿塘的商人，他却时常耽误与我讲好的归期。早知道潮涨潮落都从不失信的话，还不如嫁给弄潮的人呢！这首诗写商妇的怨情，前两句写她独守空闺的寂寞，后两句表现其怨恨之情。全诗语言朴实，生动传神，表达了商妇对丈夫经商不归的不满和对爱情的热烈向往。

作者简介

于鹄：唐代诗人。隐居汉阳，曾为诸府从事。其诗语言朴实生动，多描写隐逸生活，宣扬禅心道风。

jiāng nán qǔ

江南曲

于　鹄

ǒu xiàng jiāng biān cǎi bái pín　　xuán suí nǚ bàn sài jiāng shén

偶向江边采白蘋[1]，还随女伴赛江神[2]。

zhòng zhōng bù gǎn fēn míng yǔ　　àn zhì jīn qián bǔ yuǎn rén

众中不敢分明语，暗掷金钱卜远人[3]。

注释

❶偶：偶然。白蘋：多年生植物，生于浅水中，叶小而圆，开白花。❷还：通“旋”，立即。赛江神：旧俗用仪仗、鼓乐、杂戏迎神出庙，周游街巷，以求降幅。❸金钱：古人卜卦的一种工具。卜：推断吉凶。远人：指出远门的丈夫。

明黄凤池编《唐诗画谱》中的于鹄《江南曲》诗意图

解说

偶然跑到江边采摘白蘋，转眼又跟着女伴迎接江神。在人群中不敢说出自己的心事，只有暗暗抛掷金钱来占卜远在他乡丈夫的归期。这是闺怨诗中的一首上乘之作，通过描写一个少妇“暗掷金钱卜远人”的细节，表现了她对爱情的忠诚和对远方丈夫的深切思念。诗句委婉曲折，含蓄而富有情趣。

作者简介

孟郊（751～814）：唐代诗人。字东野，湖州武康（今浙江德清）人。长于五言古诗和乐府。其诗感伤遭遇，多寒苦之音。用字造句力避平庸浅率，追求瘦硬。与韩愈齐名，并称“韩孟”。又与贾岛齐名，有“郊寒岛瘦”之称。

清人绘《历代名臣像解》中的孟郊画像

yóu zǐ yín
游子吟❶

孟　郊

cí mǔ shǒu zhōng xiàn，yóu zǐ shēn shàng yī。
慈母手中线，游子身上衣。
lín xíng mì mì féng，yì kǒng chí chí guī。
临行密密缝，意恐迟迟归❷。
shuí yán cùn cǎo xīn，bào dé sān chūn huī。
谁言寸草心❸，报得三春晖❹。

注释

❶游子：离家在外的儿子。❷意恐：担心。❸寸草：小草，比喻游子。❹三春晖：春天的阳光，比喻母亲对子女的关心。

清钱慧安绘孟郊《游子吟》诗意图

解说

慈祥的母亲拿着针线，为远行的儿子缝制衣服。临行时缝得密密实实，是担心儿子迟迟不能回家。做儿女的就像路边的小草，怎么能够报答母亲那春日般的温暖与关怀呢？这首诗歌颂最普通又最伟大的母爱，语言朴实，感情真挚，平平淡淡之间，写出了人间至情，寄托了赤子对母亲炽热的爱，因此千百年来一直被广为传诵。

gǔ bié lí
古别离❶

孟郊

yù bié qiān láng yī, láng jīn dào hé chù
欲别牵郎衣，郎今到何处？
bú hèn guī lái chí, mò xiàng lín qióng qù
不恨归来迟，莫向临邛去❷。

注释

❶古别离：乐府《杂曲歌词》篇名，多写男女离别之情。❷临邛：在今四川省。西汉司马相如客游临邛，曾经和卓文君恋爱，后携卓文君私奔。这里用临邛比喻男子另找新欢之处。

解说

要分别的时候又拉住丈夫的衣衫，问丈夫这次外出要到哪里去？我不怨恨你归家太迟，只希望你不要移情别恋而把我忘记。这首诗写男女离别之情，先通过动作细节和问候话语表现女子依依不舍之情，然后引用典故，写出她内心深处的不安和渴望爱情的忧郁心理。

清俞明绘《凭窗仕女图》

dēng kē hòu

登科后[1]

孟 郊

xī rì wò chuò bù zú kuā

昔日龌龊不足夸[2]，

jīn zhāo fàng dàng sī wú yá

今朝放荡思无涯[3]。

chūn fēng dé yì mǎ tí jí

春风得意马蹄疾，

yí rì kàn jìn cháng ān huā

一日看尽长安花。

注释

❶登科：古代实行科举制，应试人被录取称“登科”或“及第”。这里指考中进士。❷龌龊：指穷困局促、不得意。❸放荡：无拘无束。思无涯：指无忧无虑，潇洒畅快。

解说

以前贫困苦闷的日子再也不值一提，今日金榜题名，无拘无束，潇洒畅快。一路上春风得意，马儿跑得飞快，一天就看完长安城内的繁花美景。这首诗描写作者考中进士后的欣喜得意之情，尤其后两句采用情景交融的手法，写得生动形象而流畅，并留下为后人所熟知的“春风得意”和“走马观花”两个成语。

清任伯年绘孟郊《登科后》“春风得意马蹄疾，一日看尽长安花”诗意图

luò qiáo wǎn wàng
洛桥晚望❶

孟郊

tiān jīn qiáo xià bīng chū jié，luò yáng mò shàng rén xíng jué
天津桥下冰初结，洛阳陌上人行绝❷。

yú liǔ xiāo shū lóu gé xián，yuè míng zhí jiàn sōngshān xuě
榆柳萧疏楼阁闲❸，月明直见嵩山雪❹。

注释

❶洛桥：即天津桥，在今河南洛阳西南洛水之上。❷陌：田间小路。绝：绝迹。❸萧疏：枝叶稀疏的样子。❹嵩山：在今河南省洛阳市东南。

解说

天津桥下水面刚刚结了一层冰，洛阳城外的田间小路上没有一个行人。路边的榆树和柳树枝残叶疏，街上的楼台亭阁冷冷清清，明月高照，远处嵩山上的白雪历历可见。这首诗描写作者在洛桥所见的冬夜景象，诗人由近及远，先写初冬时节的萧瑟景象，后一句的景象则迥然不同，刹那间变得格外开阔，展现出一种清新淡远的境界。

宋佚名绘《长桥卧波图》

作者简介

武元衡（758～815）：唐代诗人、政治家，缑氏（今河南偃师东南）人，字伯苍。曾祖为武则天族弟。建中进士。为官严正持平，被德宗誉为“真宰相器”。擅长五言诗，多谱于乐章。

春兴（chūn xìng）

武元衡

yáng liǔ yīn yīn xì yǔ qíng　cán huā luò jìn xiàn liú yīng
杨柳阴阴细雨晴❶，残花落尽见流莺❷。
chūnfēng yí yè chuīxiāngmèng　yòu zhú chūnfēng dào luò chéng
春风一夜吹乡梦，又逐春风到洛城❸。

清华嵒绘《翠柳双禽图》

注释

❶阴阴：形容柳叶颜色变深。❷见：同“现”。流莺：飞动的黄莺。❸逐：追随。

解说

一场春雨过后，天气转晴，杨柳的细叶变得更加青翠；枝上的残花败絮早已脱尽，露出正在飞动的黄莺。夜里的春风吹动我的思乡梦，梦中我随春风回到了故乡洛阳。这首诗通过描绘春意阑珊的暮春景色，由残花、流莺触动游子的心思，以奇妙的想象和奔放的笔触表达了诗人对家乡的思念之情。

作者简介 崔护（？~831）：唐代诗人。字殷功，蓝田（今属陕西）人，曾官至岭南节度使。年少时曾作《题都城南庄》诗，后传为“人面桃花”故事。

tí dū chéng nán zhuāng

题都城南庄❶

崔 护

qù nián jīn rì cǐ mén zhōng　rén miàn táo huā xiāng yìng hóng

去年今日此门中，人面桃花相映红❷。

rén miàn bù zhī hé chù qù　táo huā yī jiù xiào chūn fēng

人面不知何处去，桃花依旧笑春风❸。

注释

❶都城：指长安。南庄：都城南郊的村庄。❷人面：指姑娘的脸。下一句“人面”代指姑娘。❸笑：形容桃花盛开的样子。

清吴友如绘《古今人物图》之崔护《题都城南庄》“人面桃花相映红”诗意图

解说

去年的今天，就是在这个庭院中，姑娘美丽的面庞在桃花的映衬下，更显娇艳动人。如今，那位姑娘不知去了哪里，只有满树桃花依旧在春风中含笑绽放。这首诗根据诗人的一段传奇经历写成，通过“人面桃花”去年与今日之别，抒发重寻不遇的无限惆怅，表现出诗人对美好事物的思恋之情，象征性地写出了某种人生体验。

作者简介

常建：唐代诗人。开元进士，曾任盱眙尉。其诗多为五言，常以山林、寺观为题材，兴旨幽远。《题破山寺后禅院》一首，为世传诵。也善作边塞诗。

tí pò shān sì hòu chán yuàn

题破山寺后禅院❶

常　建

qīng chén rù gǔ sì　chū rì zhào gāo lín
清晨入古寺，初日照高林。
zhú jìng tōng yōu chù　chán fáng huā mù shēn
竹径通幽处，禅房花木深❷。
shān guāng yuè niǎo xìng　tán yǐng kōng rén xīn
山光悦鸟性❸，潭影空人心❹。
wàn lài cǐ jù jì　dàn yú zhōng qìng yīn
万籁此俱寂❺，但余钟磬音❻。

注释

❶破山寺：即兴福寺，在今江苏省常熟市虞山。❷禅房：和尚的住所。❸悦鸟性：使鸟儿快乐。❹空人心：使人心归于宁静。❺万籁：自然界的一切声响。❻磬：和尚念经时用的一种钵形乐器。

清吴石仙绘常建《题破山寺后禅院》“清晨入古寺，初日照高林”诗意图

解说

清晨走进古老的寺院，初升的太阳照着高高的山林。竹林间的小路一直通向幽静的深处，僧人诵经的禅房掩映在花丛之中。秀美的山光使鸟儿欢喜，潭水中的倒影令人心境空灵。大自然的万物都在这里陷入沉寂，只有那悠扬的钟磬声在山林中回响。这首诗通过作者对清晨古寺后禅院的所见所闻所感，用朴素的语言，描绘出寺院一派和谐幽静的景象，抒发了诗人淡泊名利、寄情山水的隐逸情怀。

作者简介

张籍（约767～约830）：唐代诗人。字文昌，苏州（今属江苏）人。他对文学社会作用的认识，与白居易相近。其乐府诗多反映当时社会矛盾和民生疾苦，也有描写妇女不幸处境的，备受白居易推崇。与王建齐名，世称“张王”。

qiū sī
秋思

张 籍

luò yáng chéng lǐ xiàn qiū fēng, yù zuò jiā shū yì wàn chóng
洛阳城里见秋风，欲作家书意万重❶。
fù kǒng cōng cōng shuō bú jìn, xíng rén lín fā yòu kāi fēng
复恐匆匆说不尽，行人临发又开封❷。

注释

❶家书：家信。意万重：思绪万千，形容要表达的意思很多。❷行人：指代作者捎信的人。开封：打开信封。

解说

洛阳城里刮起萧瑟的秋风，想给家里写一封信，却思绪万千，不知从何说起。只怕匆忙之中没把心里话在信中说尽，捎信人临走时，又将封好的信封拆开。这首诗通过写家书这件事，抒发了作者对亲人的思念之情。诗作由作者见秋风而思家乡，并用“意万重”表现复杂的思想情绪，尤其通过“开封”这一细节描写，传神地表达了对亲人的丰富情感，真挚感人。

明蓝瑛绘《秋林话旧图》

作者简介 王建（约767～约830）：唐代诗人。字仲初，许州（今河南许昌）人。擅长乐府诗，与张籍齐名，世称“张王”。其以田家、蚕妇、织女、水夫等为题材的诗篇，对时政弊端及民生疾苦有所反映。所作《宫词》一百首，多描写宫廷内奢华生活，对后世此类作品影响颇大。

shí wǔ yè wàng yuè jì dù láng zhōng

十五夜望月寄杜郎中❶

王 建

zhōng tíng dì bái shù qī yā lěng lù wú shēng shī guì huā

中庭地白树栖鸦❷，冷露无声湿桂花。

jīn yè yuè míng rén jìn wàng bù zhī qiū sī luò shuí jiā

今夜月明人尽望，不知秋思落谁家❸？

注释

❶十五夜：指农历八月十五的夜晚。郎中：官名。❷地白：地上的月光。栖：栖息。❸落：这里是在、归的意思。

解说

庭院中洒满白色的月光，树枝上栖息着乌鸦，清冷的露水悄无声息地浸润着桂花。人人都在仰望今夜的明月，不知这中秋的相思会落在谁身上？这首诗借中秋赏月，用形象的语言和奇妙的想象，通过寂静、清冷的夜景，含蓄地表达了诗人的离思别绪，意境纯美悠远。

清王素绘王建《十五夜望月寄杜郎中》诗意图

yǔ guò shān cūn

雨过山村

王建

yǔ lǐ jī míng yì liǎng jiā
雨里鸡鸣一两家，
zhú xī cūn lù bǎn qiáo xié
竹溪村路板桥斜。
fù gū xiānghuàn yù cán qù
妇姑相唤浴蚕去❶，
xián zhuózhōng tíng zhī zǐ huā
闲着中庭栀子花❷。

注释

❶妇姑：媳妇和婆婆。浴蚕：古时候将蚕种浸在盐水中，用来选出优良的蚕种。❷中庭：庭院当中。栀子：常绿灌木，春夏开白花。

解说

绵绵细雨中，不时从一两户人家传来鸡鸣声；小溪两边长满翠竹，小路上面的木板桥歪歪斜斜。媳妇和婆婆相互召唤去挑选蚕种，庭院中只剩下那棵盛开的栀子花。这首诗以清新朴素的笔调，从一个侧面描写了山村农忙时的情景，洋溢着诗情画意，充满劳动生活气息，颇值称道。

清奚冈绘《山栀萱草图》

清殿藏本韩愈画像

作者简介

韩愈（768～824）：唐代文学家、哲学家。字退之，河南河阳（今河南孟州南）人。政治上反对藩镇割据，思想上尊儒排佛。反对六朝以来的骈偶文风，提倡散体，与柳宗元同为古文运动的倡导者，并称“韩柳”。散文气势雄健，被列为唐宋八大家之首。其诗风奇崛雄伟，力求新颖，对宋诗影响颇大。诗与孟郊齐名，并称“韩孟”。

湘中[1]
xiāng zhōng

韩　愈

yuánchóu yú yǒng shuǐ fān bō　zì gǔ liú chuán shì mì luó
猿愁鱼踊水翻波[2]，自古流传是汨罗[3]。
pín zǎo mǎn pán wú chù diàn　kōng wén yú fǔ kòu xián gē
蘋藻满盘无处奠[4]，空闻渔父扣舷歌[5]。

注释

❶湘中：指湘水一带，即今湖南省中部。❷踊：往上跳。❸汨罗：汨罗江，在今湖南省汨罗市。❹蘋藻：蘋草和水藻，两种水生植物，古人用作祭品。奠：祭祀。❺渔父：渔翁。曾在江边遇到屈原，劝他随波逐流。弦歌：敲着船舷唱歌。

明陈洪绶绘《屈子行吟图》（局部）

解说

汨罗江畔，猿猴哀愁地啼叫，鱼儿在翻滚的波浪中跳跃，这里自古就流传着屈原投江的故事。如今我采摘了满盘蘋草和水藻，却找不到地方祭奠屈原，只听到渔父敲着船舷唱歌的声音。这首诗通过对屈原的凭吊与怀念，抒发了诗人仕途坎坷、知音难遇的失意之情。虽然诗中没有一句直接抒情，却在生动的景物描绘中，使诗人面对滚滚汨罗江怅然若失的神态跃然纸上。

zǎo chūn chéng shuǐ bù zhāng shí bā yuán wài
早春呈水部张十八员外[1]

韩　愈

tiān jiē xiǎo yǔ rùn rú sū　cǎo sè yáo kàn jìn què wú
天街小雨润如酥[2]，草色遥看近却无。
zuì shì yì nián chūn hǎo chù　jué shèng yān liǔ mǎn huáng dū
最是一年春好处，绝胜烟柳满皇都[3]。

注释

❶水部张十八员外：指张籍，时任水部员外郎。十八：兄弟中的排行。❷天街：京城中的街道。酥：酥油，用牛、羊奶制成，这里形容初春细雨的滋润。❸绝胜：远远胜过。烟柳：形容柳叶生长得青翠茂密。

解说

京城的街道上刚下过一场蒙蒙细雨，就像被酥油滋润过一样；春草初生，远望草色青青，近看却似有若无。这早春是一年中最美的景色，远胜过处处烟柳笼罩的京城长安。这首诗用简洁的文字，描绘了早春的独特景色，表现出诗人对春到人间的欣喜。诗作语句优美，构思新颖，宛如一幅色泽淡雅的水彩画，给人以舒适清新之感。

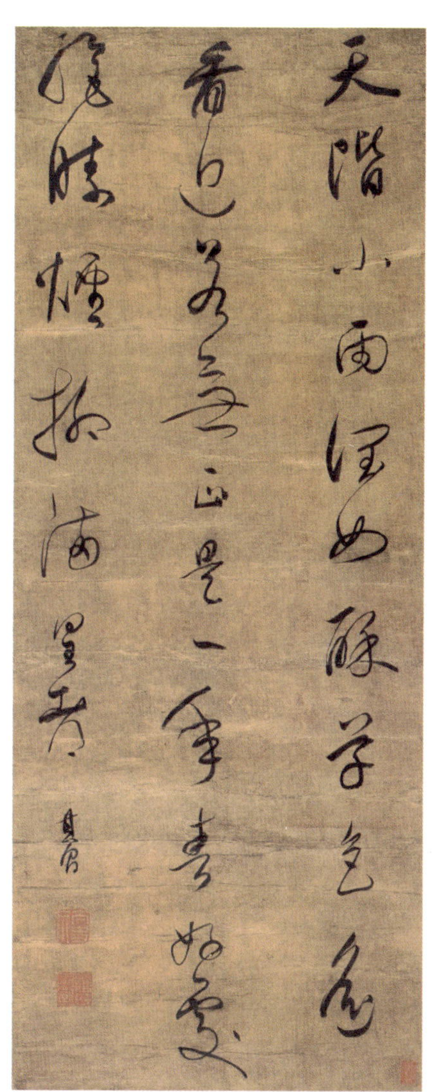

明董其昌草书韩愈诗《早春呈水部张十八员外》

wǎn chūn
晚 春❶

韩 愈

cǎo shù zhī chūn bù jiǔ guī，bǎi bān hóng zǐ dòu fāng fēi
草树知春不久归，百般红紫斗芳菲❷。

yáng huā yú jiá wú cái sī，wéi jiě màn tiān zuò xuě fēi
杨花榆荚无才思❸，惟解漫天作雪飞❹。

清杨粲绘《花鸟图》

注释

❶晚春：春季的末期，暮春。❷斗：比赛。芳菲：花草芳香，这里指花朵鲜艳美丽。❸杨花：柳絮。榆荚：榆树的果实，也叫榆钱，老时呈白色，随风飘落。才思：才华和文思。这里指鲜艳的色泽和芳香。❹惟解：只知道，只懂得。

解说

花草和树木好像知道春天即将归去，于是竞相争奇斗艳，一时间姹紫嫣红，繁花似锦。杨花和榆荚看来没有什么才华和文思，只知道随风起舞，化作漫天雪飞。这首诗写晚春景色，却没有伤春之感。作者采用拟人的手法，把花草树木写得生动有趣。同时对杨花、榆荚并非讥讽，而是寄予一种幽默的情趣，流露出对它们的怜爱之情。

清人绘《历代名臣像解》中的刘禹锡画像

作者简介

刘禹锡（772～842）：唐代文学家、哲学家。字梦得，洛阳（今属河南）人。和柳宗元交谊很深，人称“刘柳”；晚年与白居易唱和甚多，并称“刘白”。其诗雅健清新，善用寄托比兴手法，《竹枝词》等组诗富有民歌特色，为唐诗中别开生面之作。为文长于说理。

zhú zhī cí
竹枝词❶

刘禹锡

yáng liǔ qīng qīng jiāng shuǐ píng　wén láng jiāng shàng chàng gē shēng
杨柳青青江水平，闻郎江上唱歌声❷。
dōng biān rì chū xī biān yǔ　dào shì wú qíng què yǒu qíng
东边日出西边雨，道是无晴却有晴❸。

注释

❶竹枝词：古代歌曲的一种，本来是巴渝一带的民间歌谣，作者加以改编，写成诗歌，共十几首，这是其中的一首。❷唱歌声：西南地区的青年恋爱时，往往通过歌唱来表情达意，这里指的就是这种歌。❸晴：与“情”字谐音，双关语。

解说

江边杨柳青青，江中水面平静，江上传来哥哥的唱歌声。这时东边出着太阳，西边却在下雨，说不是晴天，可还有晴天，真让人捉摸不定。这首诗通过少女的口吻写出，语言通俗，感情质朴，尤其后两句用民歌的谐音、双关手法，将天气的有晴无晴与情人的有情无情巧妙地结合起来，含蓄地表现了初恋少女微妙的感情变化。

清冯箕绘《柳荫泛舟图》

dī shàng xíng
堤上行

刘禹锡

jiǔ qí xiāngwàng dà dī tóu dī xià lián qiáng dī shàng lóu
酒旗相望大堤头，堤下连樯堤上楼❶。

rì mù xíng rén zhēng dù jí jiǎngshēng yōu yà mǎn zhōng liú
日暮行人争渡急，桨声幽轧满中流❷。

注释

❶连樯：船接连不断。樯：船上的桅杆。❷幽轧：摇桨的声音。中流：水的中央。

解说

堤上，酒店的酒旗一面连着一面，楼房一座挨着一座；堤下，船只接连不断，一艘挨着一艘。天快黑了，行人都争着渡江，摇桨的声音在江水中吱呀呀地响个不停。这首诗静中有动，动中有静，描绘出江南水乡的一片繁华景象，宛如一幅清丽的水乡画。

清王翚、杨晋等绘《康熙南巡图》（局部）

qiū cí

秋词

刘禹锡

zì gǔ féng qiū bēi jì liáo wǒ yán qiū rì shèngchūnzhāo

自古逢秋悲寂寥❶，我言秋日胜春朝❷。

qíngkōng yí hè pái yún shàng biàn yǐn shī qíng dào bì xiāo

晴空一鹤排云上❸，便引诗情到碧霄❹。

注释

❶寂寥：寂寞空虚而感到悲伤。❷春朝：即春天。❸排：推开，冲破。❹碧霄：碧蓝的天空。

解说

自古以来，一到秋天人们就会感到空寂与悲伤，而我却说秋天要比春天更美。晴天里一只仙鹤冲上云霄展翅翱翔，我的诗情也被它带上了碧蓝的天空。自古以来，诗人笔下的秋天都是萧瑟凄凉的，但本诗一反传统，以优美的笔调赞美秋天的景色，反映出作者乐观向上的精神。

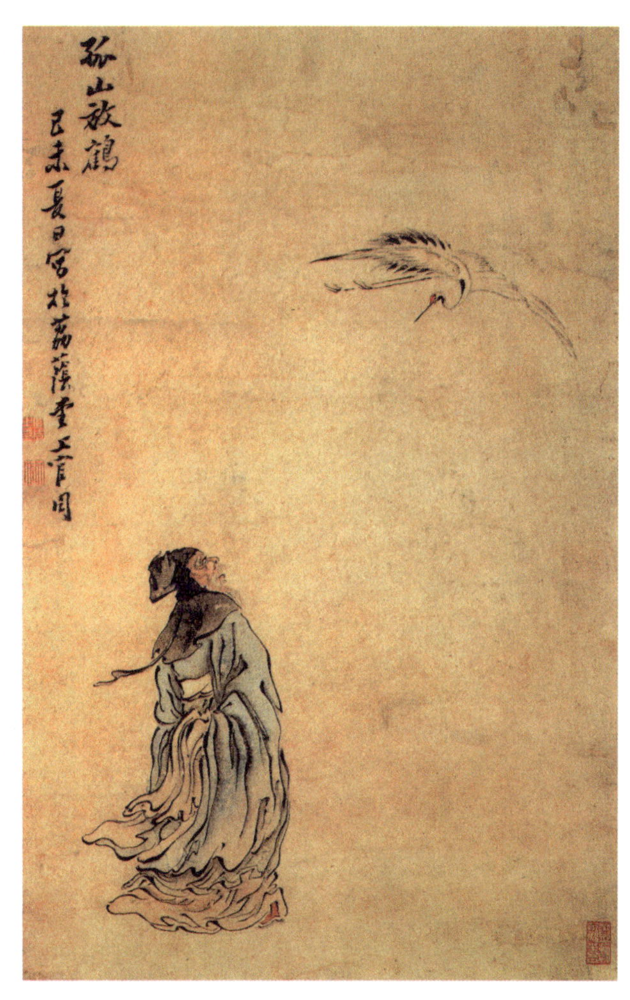

清上官周绘《孤山放鹤图》

làng táo shā

浪淘沙[1]

刘禹锡

jiǔ qū huáng hé wàn lǐ shā, làng táo fēng bǒ zì tiān yá

九曲黄河万里沙[2]，浪淘风簸自天涯[3]。

rú jīn zhí shàng yín hé qù, tóng dào qiān niú zhī nǚ jiā

如今直上银河去，同到牵牛织女家[4]。

注释

❶浪淘沙：唐代教坊曲名。❷九曲：相传黄河有九道弯。形容弯弯曲曲的地方很多。万里沙：黄河在流经各地时挟带大量泥沙。❸浪淘风簸：黄河卷着泥沙，风浪滚动的样子。浪淘：波浪淘洗。簸：掀翻，上下簸动。❹牵牛织女：银河系的两个星座名。相传织女为天上仙女，下凡到人间，和牛郎结为夫妇。后西王母召回织女，牛郎追上天，西王母罚他们隔河相望，只准每年七月七日的夜晚相会一次。牵牛：即传说中的牛郎。

解说

九曲黄河从遥远的地方蜿蜒奔腾而来，一路裹挟着万里的黄沙。既然你从天边而来，如今好像要飞上高高的银河，请你带我扶摇直上，汇集到银河中，一同到牛郎和织女的家里做客吧！这首绝句模仿淘金者的口吻，表明他们对淘金生涯的厌恶和对美好生活的向往。直上银河，同访牛郎织女，寄托了他们对宁静田园牧歌生活的憧憬。这种浪漫的理想，以豪迈的口语倾吐出来，有一种朴素无华的美。

清马骀绘织女图

zài yóu xuán dū guàn
再游玄都观[1]

刘禹锡

bǎi mǔ tíng zhōng bàn shì tái　　táo huā jìng jìn cài huā kāi
百亩庭中半是苔[2]，桃花净尽菜花开。

zhòng táo dào shì guī hé chù　　qián dù liú láng jīn yòu lái
种桃道士归何处[3]？前度刘郎今又来。

注释

❶玄都观：长安城内的一座道观。❷庭中：指玄都观内的庭院。苔：苔藓。❸道士：借指打击政治革新的当权者。

解说

百亩大的庭院里有一半长满青苔，昔日的桃花不见了，开着的只是菜花。种植桃树的道士去哪里了？曾经被贬在外的刘郎今天又回来啦！这首诗为作者被贬十四年后回长安所作，此时新贵都已失势。诗人用荒芜的桃园暗喻新贵的失势，用种桃道士比喻曾提拔新贵的下台当权者，充分体现了诗人追求正义、蔑视权贵的斗争精神。

佚名绘《楼观图》

wū yī xiàng

乌衣巷[1]

刘禹锡

zhū què qiáo biān yě cǎo huā, wū yī xiàng kǒu xī yáng xié

朱雀桥边野草花[2]，乌衣巷口夕阳斜。

jiù shí wáng xiè táng qián yàn, fēi rù xún cháng bǎi xìng jiā

旧时王谢堂前燕[3]，飞入寻常百姓家[4]。

注释

❶乌衣巷：在今江苏省南京市秦淮河南岸。❷朱雀桥：秦淮河上的桥名，离乌衣巷很近。❸王谢：指东晋大臣王导和谢安，为豪门大族，住宅都在乌衣巷。❹寻常：平常。

解说

朱雀桥边长满野草和鲜花，乌衣巷口的夕阳渐渐西下。从前栖息在王、谢府宅的燕子，如今已飞到平常百姓家去筑巢。这是一首咏史怀古诗，诗人将今日的荒凉与昔日的繁华作对照，抒发了对世事盛衰无常的感慨。后两句形象生动而寓意深刻，成为脍炙人口的名句。

清马骀绘刘禹锡《乌衣巷》诗意图

wàngdòng tíng
望洞庭

刘禹锡

hú guāng qiū yuè liǎngxiāng hé
湖光秋月两相和❶，
tán miàn wú fēng jìng wèi mó
潭面无风镜未磨❷。
yáo wàngdòng tíng shān shuǐ cuì
遥望洞庭山水翠❸，
bái yín pán lǐ yì qīng luó
白银盘里一青螺。

注释

❶和：和谐，协调。❷镜未磨：形容湖面像一面没有磨过的镜子。❸山：洞庭湖中有很多小山，最著名的是君山。

解说

洞庭湖的湖光与秋月交相辉映，湖面风平浪静，就像一面没有磨过的铜镜。遥望洞庭青翠的湖光山色，那君山就像放在银盘里的一颗青螺。这首诗用比喻和夸张的手法，将洞庭湖秋日月夜美景描绘得惟妙惟肖，是一幅绝妙的山水图。诗作构思奇妙，淡雅幽丽，历代传诵不衰。

清张之万绘《洞庭帆影图》

清殿藏本白居易画像

作者简介

白居易（772~846）：唐代诗人。字乐天，晚年号香山居士。祖籍太原（今属山西），后迁居下邽（今陕西渭南北）。文学上积极倡导新乐府运动，早期所作讽喻诗，较广泛揭发时政弊端和社会矛盾，对民生困苦也多有反映。遭贬谪后，意志逐渐消沉，诗文多怡情悦性、流连光景之作。其诗语言通俗，相传老妪也能听懂。与元稹齐名，世称“元白”。晚年与刘禹锡唱和甚多，人称“刘白”。

chí shàng
池 上

白居易

xiǎo wá chēng xiǎo tǐng tōu cǎi bái lián huí
小娃撑小艇❶，偷采白莲回。

bù jiě cángzōng jì fú píng yí dào kāi
不解藏踪迹❷，浮萍一道开❸。

注释

❶小娃：小孩。艇：轻便的船。❷解：知道。❸浮萍：浮在水面上的萍草。

清费以耕绘《泛舟仕女图》

解说

一个小娃娃撑着一只小船，偷偷地采摘白莲回来。她不知道掩藏自己的踪迹，小船冲开水面的浮萍，留下一道痕迹，暴露了她的行踪。这是一首童趣诗，采用白描手法，刻画了一个天真、顽皮的小孩形象。虽然文字不多，却趣味盎然，读来让人忍俊不禁。

fù dé gǔ yuán cǎo sòng bié
赋得古原草送别❶

白居易

lí lí yuán shàng cǎo yí suì yì kū róng
离离原上草❷，一岁一枯荣。

yě huǒ shāo bú jìn chūn fēng chuī yòu shēng
野火烧不尽，春风吹又生。

yuǎn fāng qīn gǔ dào qíng cuì jiē huāng chéng
远芳侵古道❸，晴翠接荒城❹。

yòu sòng wáng sūn qù qī qī mǎn bié qíng
又送王孙去❺，萋萋满别情❻。

注释

❶赋得：凡是按规定题目作诗，照例要在题目上加上“赋得”二字。❷离离：青草繁茂的样子。❸芳：芳草的香气，芳香。侵：蔓延。❹晴翠：阳光下翠绿的青草。❺王孙：古代对贵族子弟的通称。这里指要远行的友人。❻萋萋：青草茂盛的样子。

解说

原野中长满繁茂的野草，每年总是枯萎后又茂盛地生长起来。野火是从来不能把它烧尽的，只要春风一吹，它便又会生机勃勃。远处的芳草蔓延到古道边上，阳光下那翠绿的颜色连接着荒凉的古城。我目送着朋友远去，路边茂密的芳草也饱含依依不舍的深情。这首诗为诗人应考之作，在当时就赢得广泛赞誉。诗文自然流畅，对仗工整，画面壮观，情景交融，歌颂了野草顽强的生命力，同时抒发了对友人的依依惜别之情。

清王翚绘《仿古山水册》之一

xī mǔ dān huā

惜牡丹花[1]

白居易

chóuchàng jiē qián hóng mǔ dān[2], wǎn lái wéi yǒu liǎng zhī cán.
惆怅阶前红牡丹[2]，晚来唯有两枝残。
míngzhāo fēng qǐ yīng chuī jìn, yè xī shuāi hóng bǎ huǒ kàn[3].
明朝风起应吹尽，夜惜衰红把火看[3]。

注释

❶惜：怜爱。❷惆怅：伤感，忧愁不安。❸衰红：衰落残余的红牡丹。把火：手持蜡烛。

解说

我为台阶前的红牡丹感到忧愁不安，虽然晚上只有两枝花残败。明天早晨春风吹起，所有的花都会被吹落，怜爱即将凋谢的红牡丹，夜里我手持蜡烛前来观看。这首诗通过独特的视角，写出了作者对牡丹的厚爱，以及因为花期将过而产生的恋恋不舍的复杂心态，同时也表达了作者对即将逝去春天的无限惋惜之情。

清恽寿平绘《牡丹图》

dà lín sì táo huā
大林寺桃花[1]

白居易

rén jiān sì yuè fāng fēi jìn　shān sì táo huā shǐ shèng kāi
人间四月芳菲尽[2]，山寺桃花始盛开。
cháng hèn chūn guī wú mì chù　bù zhī zhuǎn rù cǐ zhōng lái
长恨春归无觅处[3]，不知转入此中来[4]。

注释

❶大林寺：庐山上的一座寺院，在今江西省庐山牯岭西面。❷芳菲：这里泛指花。尽：指花凋谢。❸长恨：常常怨恨。❹转：转移。

解说

人间四月所有的花儿都已凋谢殆尽，而山上大林寺的桃花才刚刚盛开。人们常常怨恨春天一去难以寻觅，却不知道它已转到这里来了。这首诗描写庐山大林寺桃花，表达了诗人对春天的无限留恋。诗作构思巧妙，语言风趣，将诗人发现深山桃花盛开的喜悦之情表现得淋漓尽致，给人以别有洞天的奇妙感受。

近代金城绘《桃花图》

暮江吟❶

mù jiāng yín

白居易

yí dào cán yáng pū shuǐ zhōng bàn jiāng sè sè bàn jiāng hóng
一道残阳铺水中❷，半江瑟瑟半江红❸。

kě lián jiǔ yuè chū sān yè lù sì zhēn zhū yuè sì gōng
可怜九月初三夜❹，露似真珠月似弓❺。

注释

❶暮江吟：用诗歌吟唱傍晚江上的景色。❷残阳：夕阳。铺：铺展。❸瑟瑟：碧绿色宝石。这里形容背阴处的江水颜色。❹可怜：可爱。❺真珠：珍珠。

解说

一道夕阳映照在江面上，使江水变得一半碧绿一半艳红。最可爱的是那九月初三的夜晚，小草上的露水亮似珍珠，一弯新月形如弯弓。这是一首优美的写景诗，前两句写傍晚江景，展现夕阳照射下色彩分明的江面美景；后两句写夜幕降临后的景色，将新月初升与地上露珠相互映照的两种景物描绘得生动传神。

南宋佚名绘《澄江碧岫图》

qián táng hú chūn xíng

钱塘湖春行❶

白居易

gū shān sì běi jiǎ tíng xī　shuǐ miàn chū píng yún jiǎo dī
孤山寺北贾亭西❷，水面初平云脚低❸。
jǐ chù zǎo yīng zhēng nuǎn shù　shuí jiā xīn yàn zhuó chūn ní
几处早莺争暖树❹，谁家新燕啄春泥。
luàn huā jiàn yù mí rén yǎn　qiǎn cǎo cái néng mò mǎ tí
乱花渐欲迷人眼，浅草才能没马蹄。
zuì ài hú dōng xíng bù zú　lǜ yáng yīn lǐ bái shā dī
最爱湖东行不足❺，绿杨阴里白沙堤❻。

注释

❶钱塘湖：即杭州西湖。❷贾亭：贾公亭，已毁。❸云脚：接近地面的云气。❹争暖树：争着飞往向阳的树。❺行不足：逛不够。❻白沙堤：今杭州西湖白堤。

清马骀绘白居易《钱塘湖春行》诗意图

解说

孤山寺的北面、贾公亭的西面，湖水上涨与堤岸平齐，白云低垂与湖面相连。几只早早飞出的黄莺争着飞往向阳的树枝，不知是谁家新归来的燕子在啄衔春泥。五彩缤纷的花朵渐渐使人眼花缭乱，嫩绿的青草刚刚能盖过马蹄。我最喜爱湖东一带的风景，总觉得怎么走也走不够，尤其是那绿树成荫的白沙堤，更令我流连忘返。这首诗描写西湖早春万物争春的景色，全诗紧扣环境和季节特征，把春天西湖美景写得生机盎然，画面灵动，色彩丰富，令人向往。

作者简介 李绅（772~846）：唐代诗人。字公垂，无锡（今属江苏）人。武宗时拜相，出任淮南节度使。与白居易、元稹交游颇密，共同倡导写作新乐府。其《悯农》诗二首较有名。

悯农[1]
（mǐn nóng）

李绅

春种一粒粟[2]，（chūnzhòng yí lì sù）
秋收万颗子。（qiū shōu wàn kē zǐ）
四海无闲田[3]，（sì hǎi wú xián tián）
农夫犹饿死。（nóng fū yóu è sǐ）

注释

❶悯农：怜悯农民。❷粟：小米。这里泛指五谷的种子。❸闲田：尚未开垦的土地。

解说

春天播下一粒种子，秋天就能收获许多粮食。四海之内没有一块未开垦的土地，可是依然还有农民被饿死。这首诗用简明的道理揭示统治者对农民的剥削，表达了诗人对农民的同情和对剥削者的愤恨。全诗层层递进，前后对比强烈，发人深省。

悯农
（mǐn nóng）

李绅

锄禾日当午[1]，（chú hé rì dāng wǔ）
汗滴禾下土。（hàn dī hé xià tǔ）
谁知盘中餐[2]，（shuí zhī pán zhōng cān）
粒粒皆辛苦。（lì lì jiē xīn kǔ）

注释

❶锄禾：为庄稼锄草松土。当：正当。❷餐：饭食。

解说

烈日炎炎的中午，农民们还在地里为禾苗锄草松土，汗水滴滴落进禾苗下的泥土中。有谁知道盘中香喷喷的饭食，每一粒都饱含着农民的辛劳呢！这首诗通过农民辛勤劳作形象的描绘，道出粮食来之不易，提醒人们应珍惜粮食的深刻道理。全诗虽语言质朴、浅显，却很有说服力，蕴含了诗人对劳动人民的无限同情。

清人绘柳宗元画像

作者简介

柳宗元（773~819）：唐代文学家、哲学家。字子厚，河东解（今山西运城西南）人。与韩愈倡导古文运动，并称“韩柳”，同列“唐宋八大家”。散文峭拔矫健，说理透彻，结构严谨。其诗风格清峭，与韦应物并称“韦柳”。哲学上崇信佛教，有儒、释、道“三教调和”的主张。

江雪（jiāng xuě）

柳宗元

千山鸟飞绝❶，万径人踪灭❷。
孤舟蓑笠翁❸，独钓寒江雪。

(qiān shān niǎo fēi jué, wàn jìng rén zōng miè. gū zhōu suō lì wēng, dú diào hán jiāng xuě.)

注释

❶千山：群山。绝：绝迹。❷径：小路。踪：脚印。灭：消失。这里指被遮盖的意思。❸蓑笠翁：披蓑衣戴斗笠的渔翁。

明戴进绘《寒江独钓图》（局部）

解说

连绵的群山中看不见一只飞鸟的踪影，千万条小路上也见不到一个人的足迹。一位身披蓑衣、头戴斗笠的渔翁坐在小船上，正独自在大雪纷飞的凄冷江面上垂钓呢！这首诗描绘了一幅场景广阔而又万籁俱寂的雪景图，诗文借咏隐居山水之间的渔翁，来抒发自己在政治上的失意及内心的苦闷和孤独。

作者简介

刘叉：唐代诗人。性刚直任侠。其诗风格犷放，不循传统格式，但也有险怪、晦涩之病。《冰柱》等诗反映时政弊端，颇为深切。

偶书（ǒu shū）

刘　叉

rì chū fú sāng yí zhàng gāo，rén jiān wàn shì xì rú máo
日出扶桑一丈高❶，人间万事细如毛。

yě fū nù jiàn bù píng chù，mó sǔn xiōng zhōng wàn gǔ dāo
野夫怒见不平处❷，磨损胸中万古刀❸。

清倪田绘《义侠奇逢图》

注释

❶扶桑：古代神话中海外的大桑树，据说太阳从这里升起。❷野夫：粗鲁的人，侠客自称。❸万古刀：万古流传的宝刀。这里比喻古来行侠仗义之人路见不平拔刀相助的精神。

解说

太阳已从扶桑升起一丈多高，人世间的事纷繁复杂，多如毛发。爱打抱不平的人路见不平却敢怒不敢言，只能听任万古流传的正义之刀在胸中慢慢地销蚀磨损。这首诗写一个富有正义感的人，因为社会压抑，满腔正义与怒火无法倾泻的愤懑之情。形象的比喻，将诗人刚烈的个性和复杂的心理表现得淋漓尽致。

作者简介

元稹（779~831）：唐代诗人。字微之，河南（今河南洛阳）人。与白居易友善，常相唱和，世称“元白”。早期文学观点也相近，为新乐府运动主要作者之一。所作乐府，对当时社会矛盾有所揭露，但在反映现实的深度和语言通俗流畅上，都不及白居易。

菊花（jú huā）

元 稹

qiū cóng rào shè sì táo jiā， biàn rào lí biān rì jiàn xié。
秋丛绕舍似陶家❶，遍绕篱边日渐斜。

bú shì huā zhōng piān ài jú， cǐ huā kāi jìn gèng wú huā。
不是花中偏爱菊，此花开尽更无花❷。

注释

❶秋丛：丛生的秋菊。陶：指东晋诗人陶渊明。❷更：再。

解说

一丛丛菊花环绕着屋舍，好像是到了陶渊明家，我绕着篱笆观赏菊花，不觉太阳已渐渐西斜。不是我在众花中偏爱菊花，因为菊花凋谢后就没什么花可观赏了。这是一首咏物诗，诗作构思巧妙，语言明白晓畅，通过写赏菊入迷、流连忘返的情景，抒发了诗人对菊花历尽风霜而后凋的坚贞品格的赞美之情。

明黄凤池编《唐诗画谱》中的元稹《菊花》诗意图

离思[1]

lí sī

元稹

céng jīng cāng hǎi nán wéi shuǐ, chú què wū shān bú shì yún
曾经沧海难为水，除却巫山不是云[2]。

qǔ cì huā cóng lǎn huí gù, bàn yuán xiū dào bàn yuán jūn
取次花丛懒回顾[3]，半缘修道半缘君[4]。

注释

❶离思：这是诗人悼念亡妻韦丛的作品。❷巫山：在重庆市境内，山有十二峰，其中朝云峰下临长江，云雾蒸腾，十分壮观。❸取次：挨着次序。❹半缘：一半是因为。修道：信佛尊道。

解说

曾经见过大海的人，就觉得别处的水难以叫作水；除了巫山的彩云，其他地方的云就不能算是云。如今，我依次走过花丛却懒得顾盼观赏，这一半是因为修行，一半是因为怀念你啊！这是一首格调悲哀的悼亡诗，用笔巧妙，极具说服力。作者用比拟的手法，表达了对亡妻深深的怀念之情。

清吴縠祥绘《海天楼观图》

清人绘贾岛画像

作者简介

贾岛（779~843）：唐代诗人。字浪仙，范阳（今河北涿州）人。其诗喜写荒凉枯寂之境，颇多寒苦之辞。以五律见长，注重词句锤炼，刻苦求工。其诗在晚唐、宋初和南宋中叶颇有影响。

剑客❶

jiàn kè

贾岛

shí nián mó yí jiàn shuāng rèn wèi céng shì
十年磨一剑，霜刃未曾试❷。
jīn rì bǎ shì jūn shuí yǒu bù píng shì
今日把示君❸，谁有不平事？

清黄济绘《铁拐李砺剑图》

注释

❶剑客：行侠仗义的人。❷霜刃：形容剑锋寒光闪闪，十分锋利。❸把示君：拿给您看。

解说

用十年的时间磨出一把宝剑，剑刃寒光闪闪却还没有试过它的锋芒。今天把它拿出来给您看，请告诉我谁有不平的事要伸张？这首诗以剑客的口吻，展示其敢于打抱不平的勇气，表达了诗人对各种社会弊病的不满和要一展抱负的豪情壮志。

tí lǐ níng yōu jū

题李凝幽居❶

贾 岛

xián jū shǎo lín bìng　cǎo jìng rù huāng yuán
闲居少邻并❷，草径入荒园。
niǎo sù chí biān shù　sēng qiāo yuè xià mén
鸟宿池边树，僧敲月下门。
guò qiáo fēn yě sè　yí shí dòng yún gēn
过桥分野色❸，移石动云根❹。
zàn qù hái lái cǐ　yōu qī bú fù yán
暂去还来此❺，幽期不负言❻。

清吴友如绘贾岛《题李凝幽居》“鸟宿池边树，僧敲月下门”诗意图

注释

❶李凝：诗人的一个朋友。幽居：指隐居的地方。❷邻并：邻居。❸分野色：指以桥为界，两边田野的景色有所分别。❹云根：古人认为云生在山石上，石为“云根”。❺去：离开。❺幽期：归隐所约的日期。负言：违背诺言。

解说

闲居在这里，旁边很少有邻居，一条杂草丛生的小路通向荒芜的小园。鸟儿歇宿在池边的树上，一个僧人在清冷的月光下轻轻地敲门。走过小桥就能看见田野的景色有所不同，微风吹动浮云，山石仿佛也随着在动。僧人只是暂时离开，他还会回到这里，相约共同归隐，到期绝不会食言。这首诗描写李凝居处的幽静景象，表达了诗人对隐居生活的向往。诗作风格自然恬淡，优美迷人，尤其第三四句构思精巧，动中有静，是历代传诵的名句。

寻隐者不遇[1]

xún yǐn zhě bú yù

贾岛

sōng xià wèn tóng zǐ　　yán shī cǎi yào qù
松下问童子[2]，言师采药去[3]。

zhǐ zài cǐ shān zhōng　　yún shēn bù zhī chù
只在此山中，云深不知处[4]。

清吕学绘《松下问童子图》

注释

❶隐者：古时候不愿做官而隐居山林的高士。❷童子：隐者的弟子，也叫书童。❸言：说，回答。❹云深：白云重重。

解说

我在松树下询问隐者的弟子，他告诉我师父采药去了。只知道他在这座山上，但云海茫茫，不知道他在什么地方。这首诗描写去访问隐士却没有遇到，通过与童子的对话，只用二十字就展现出一幅幽深清奇的图景，使隐者悠闲自在的生活跃然纸上，这比直接描写隐者行踪和林中景色更引人入胜。

作者简介 张祜（约785～约852）：唐代诗人。字承吉，贝州清河（今河北清河西）人。仕途失意，漫游各地，晚年到达淮南，隐居润州以终。诗多写落拓不遇情怀和隐居生活，对时政亦有所讽谏。以宫词著名。

tí jīn líng dù
题金陵渡❶

张 祜

jīn líng jīn dù xiǎo shān lóu　　yì xiǔ xíng rén zì kě chóu
金陵津渡小山楼❷，一宿行人自可愁❸。
cháo luò yè jiāng xié yuè lǐ　　liǎng sān xīng huǒ shì guā zhōu
潮落夜江斜月里，两三星火是瓜洲❹？

注释

❶金陵渡：在今江苏省镇江市。❷津渡：渡口。❸行人：这里指作者自己。❹星火：灯火，渔火。瓜洲：在今江苏省扬州市，与镇江隔江相望。

解说

金陵渡口有一座小山楼，借宿一晚的行人不禁满怀忧愁。潮水退落的长江横卧于西沉的月色里，远处两三点渔火闪烁的地方便是古渡口瓜洲吧？这首诗写旅途所见夜景和愁思，意境清美幽远，描绘出长江的美丽夜色，同时也渗透出一缕淡淡的乡愁。

清王翚、杨晋等绘《康熙南巡图》（局部）中的瓜洲城

作者简介

施肩吾：唐代道士。睦州分水（今浙江桐庐西北）人，字希圣，号东斋，又号栖真子。有诗名。后隐居洪州西山修道，世称“华阳真人”。

瀑布（pù bù）

施肩吾

huō kāi qīng míng diān
豁开青冥颠❶，
xiè chū wàn zhàng quán
泻出万丈泉❷。
rú cái yì tiáo sù
如裁一条素❸，
bái rì xuán qiū tiān
白日悬秋天。

注释

❶豁开：划开。青冥：青天。颠：顶。❷泻：流。❸素：白绢。

解说

好像划开了青天的顶部，万丈高的泉水飞流而下。泉水如同一条裁过的白绢，与明亮的太阳一起悬挂在秋日的天空。这是一首写景诗，用比喻、夸张的手法，描绘了瀑布一泻万丈的景象，语言简练，色调明朗，将瀑布的动感与气势刻画得栩栩如生。

清章声绘《春山观瀑》立轴

作者简介 王轩：唐代诗人，生卒年及事迹不详。

tí xī shī shí

题西施石❶

王 轩

lǐng shàng qiān fēng xiù, jiāng biān xì cǎo chūn

岭上千峰秀，江边细草春。

jīn féng huàn shā shí, bú jiàn huàn shā rén

今逢浣纱石❷，不见浣纱人❸。

注释

❶西施石：又称浣纱石，相传为春秋时期美女西施浣纱的石头。❷浣：洗。❸浣纱人：当年浣纱的西施。

明黄凤池编《唐诗画谱》中的王轩《题西施石》诗意图

解说

山岭上，千座山峰争秀；江水边，细嫩的小草沐浴在春光中。今天遇到当年西施浣纱用的那块石头，却不见当年浣纱的西施了。这首诗为诗人触景生情而作，借写浣纱石还在而浣纱人已逝，抒发物是人非的感慨，折射时代盛衰的变迁，读来令人回味无穷。

清人绘《历代名臣像解》中的李贺画像

作者简介

李贺（790～816）：唐代诗人。字长吉，福昌（今河南宜阳西）人。以乐府诗著称，多表现政治上不得意的悲愤，对宦官专权、藩镇割据的现实，也有所揭露、讽刺。善于熔铸辞采，驰骋想象，运用神话传说，创造出新奇瑰丽的诗境，在诗史上独树一帜。也有刻意雕琢之病。

mǎ shī

马诗

李贺

dà mò shā rú xuě, yān shān yuè sì gōu
大漠沙如雪，燕山月似钩❶。

hé dāng jīn luò nǎo, kuài zǒu tà qīng qiū
何当金络脑❷，快走踏清秋❸。

注释

❶燕山：燕然山，即今蒙古国境内的杭爱山。❷何当：何时才能得到。金络脑：用黄金装饰的马笼头。❸踏清秋：意思是在清秋之时踏走。

清郎世宁绘《御马图》之一

解说

广袤的沙漠里白沙如雪，巍峨的燕然山上明月如钩。什么时候才能得到金饰的马笼头，在秋高气爽的疆场上驰骋？这首诗运用比喻和起兴的手法咏马，表现了诗人怀才不遇和渴望驰骋疆场、建功立业的心情。诗作首先描绘出一幅富有边疆特色的战场景色，并将马儿潇洒奔驰的形象放置在这一壮丽场景中，画面鲜活，极具感染力。

作者简介

许浑：唐代诗人。字用晦，润州丹阳（今属江苏）人。自少苦学多病，喜爱林泉。其诗长于律体，多登高怀古之作。

xián yáng chéng xī lóu wǎn tiào

咸阳城西楼晚眺❶

许浑

yí shàng gāo chéng wàn lǐ chóu　jiān jiā yáng liǔ sì tīng zhōu
一上高城万里愁，蒹葭杨柳似汀洲❷。
xī yún chū qǐ rì chén gé　shān yǔ yù lái fēng mǎn lóu
溪云初起日沉阁，山雨欲来风满楼。
niǎo xià lǜ wú qín yuàn xī　chán míng huáng yè hàn gōng qiū
鸟下绿芜秦苑夕❸，蝉鸣黄叶汉宫秋。
xíng rén mò wèn dāng nián shì　gù guó dōng lái wèi shuǐ liú
行人莫问当年事❹，故国东来渭水流❺。

注释

❶咸阳：秦朝都城，汉朝故地，今属陕西。眺：远望。❷蒹葭：生长在水边的芦苇。汀洲：水边平坦的沙洲。❸芜：杂草丛生。苑：帝王贵族打猎游乐的场所。❹行人：旅行的人，作者自指。❺故国：古城，即咸阳城。

解说

登上高高的城楼远望，万里愁思便油然而生；城下丛生的芦苇和杨柳，好似江南故乡的沙洲。溪边乌云刚刚升起，太阳就沉入阁楼后面；山雨即将来临，狂风吹满高楼。秦苑的黄昏里，鸟儿落在绿色的杂草中；汉宫的秋色中，寒蝉在黄叶间哀鸣。行路之人不要再问当年发生的事情，古城如今只见滔滔渭水静静东流。这是一首吊古诗，描绘秦代都城咸阳秋天傍晚的景色，抒发了对历史兴亡的感叹。第三、四句描写大雨来临前楼上所见景物的变化，将云升日落、风随雨至的情景写得极为传神，用笔气势不凡，是历代传诵的佳句。

作者简介

杜牧（803～853）：唐代文学家。字牧之，京兆万年（今陕西西安）人。其诗在晚唐成就颇高，后人称杜甫为“老杜”，称杜牧为“小杜”。又与李商隐齐名，并称“小李杜”。文章也很出色，《阿房宫赋》颇有名。

清人绘杜牧画像

guò huá qīng gōng

过华清宫❶

杜　牧

cháng ān huí wàng xiù chéng duī　shān dǐng qiān mén cì dì kāi

长安回望绣成堆❷，山顶千门次第开❸。

yí jì hóng chén fēi zǐ xiào　wú rén zhī shì lì zhī lái

一骑红尘妃子笑❹，无人知是荔枝来。

注释

❶华清宫：唐玄宗和杨贵妃避暑之地，故址在今陕西省西安市临潼区骊山华清池。❷绣成堆：指林木花卉掩映的建筑物像一堆堆锦绣。❸次第：按顺序一个一个地。❹一骑：一人一马称一骑。妃子：指贵妃杨玉环。

清袁江绘《骊山避暑图》（局部）

解说

从长安城回头望去，骊山上的景色有如团团锦绣，山顶上华清宫的宫门忽然依次打开。一骑快马扬起滚滚红尘，杨贵妃不由得笑逐颜开，没有人知道这是专门给她送荔枝来的。这首诗描写为杨贵妃送荔枝的情景，讽刺了唐玄宗和杨贵妃奢侈的生活。该诗语言朴素，场景对比强烈，虽不动声色，却情感分明，意象鲜活而含蓄有力。

zèng bié
赠别

杜牧

duō qíng què sì zǒng wú qíng, wéi jué zūn qián xiào bù chéng
多情却似总无情，惟觉樽前笑不成❶。

là zhú yǒu xīn hái xī bié, tì rén chuí lèi dào tiān míng
蜡烛有心还惜别，替人垂泪到天明❷。

注释

❶樽前：指饯别宴会上。樽：盛酒的器具。❷垂泪：流泪。指蜡烛燃烧时滴下的脂油像眼泪一样。

解说

多情的人分别时把离愁别绪埋在心底，好像无情似的，只觉得在饯别宴席上强颜欢笑，却怎么也笑不出来。还是蜡烛善解人意，为依依惜别而伤心不已，一直替我们垂泪到天明。这首诗借用蜡烛垂泪这一拟人化的形象来表达分别时的伤感之情，虽没有出现“悲”、“愁”等字，却巧妙地道出离别时的真情实感，显得真挚而深沉，读来饶有余味。

清费丹旭绘《仕女图》

tí wū jiāng tíng
题乌江亭[1]

杜 牧

shèng bài bīng jiā shì bù qī bāo xiū rěn chǐ shì nán ér
胜败兵家事不期[2]，包羞忍耻是男儿[3]。
jiāngdōng zǐ dì duō cái jùn juǎn tǔ chóng lái wèi kě zhī
江东子弟多才俊[4]，卷土重来未可知。

注释

❶乌江亭：在今安徽省和县东北。楚汉战争时，项羽兵败后在乌江自刎。❷期：预料。❸包羞忍耻：能忍受失败、挫折等羞辱。❹江东：指长江南岸苏州一带，是项羽起兵的地方。才俊：才智出众的人。

解说

胜败是兵家很难预料的事情，能够忍受失败与羞辱的人才是真正的男子汉。江东子弟中有很多杰出的人才，有朝一日卷土重来并不是没有可能的。这是一首咏史诗，诗人委婉地批评了项羽兵败自杀的做法，认为项羽如果到江东重新整顿人马，也许能打败刘邦。诗作借题发挥，字里行间表现出一种百折不挠的进取精神和乐观向上的人生态度。

清人绘西楚霸王项羽画像

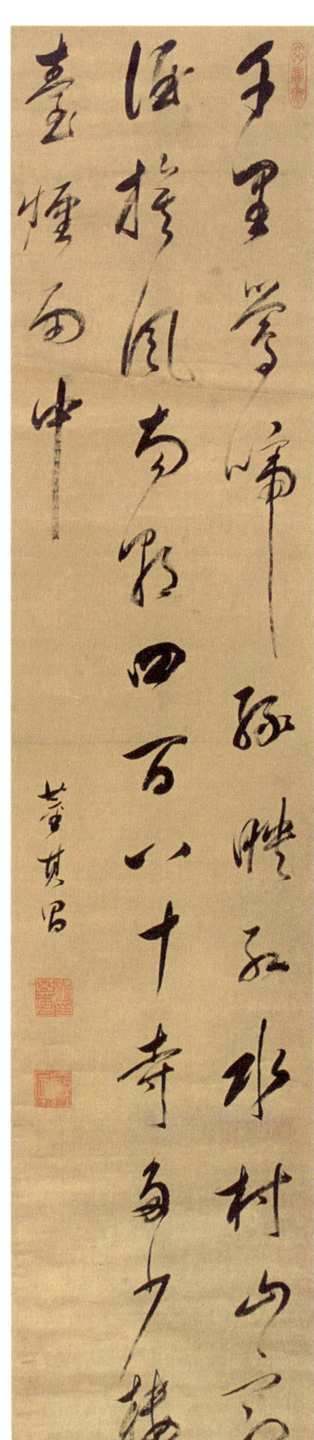

jiāng nán chūn
江南春

杜 牧

qiān lǐ yīng tí lǜ yìng hóng
千里莺啼绿映红，

shuǐ cūn shān guō jiǔ qí fēng
水村山郭酒旗风❶。

nán cháo sì bǎi bā shí sì
南朝四百八十寺❷，

duō shǎo lóu tái yān yǔ zhōng
多少楼台烟雨中。

注释

❶酒旗：酒店门前高挂的布招牌。❷南朝：历史上在南京建都的宋、齐、梁、陈，合称南朝。当时南朝统治者都好佛，修建了大量寺院。

解说

千里江南，黄莺啼叫，绿叶映衬着朵朵红花；水村山城，到处都飘着酒店的旗子。南朝统治者修建的几百座寺院，如今还有多少笼罩在蒙蒙烟雨中呢？这首诗抓住江南春天的特点，用绚丽的色彩表现出江南春天迷离的美感，同时表达了深邃的历史反思，笔致灵妙，令人遐思。

明董其昌草书杜牧诗《江南春》

qí ān jùn hòu chí
齐安郡后池[1]

杜牧

líng tòu fú píng lǜ jǐn chí xià yīng qiān zhuàn nòng qiáng wēi
菱透浮萍绿锦池[2]，夏莺千啭弄蔷薇[3]。
jìn rì wú rén kàn wēi yǔ yuān yāng xiāng duì yù hóng yī
尽日无人看微雨[4]，鸳鸯相对浴红衣[5]。

注释

❶齐安郡：即黄州，今湖北黄冈市。❷菱：菱角。锦：锦缎。这里用来形容水面上浮萍的颜色。❸啭：鸟鸣声宛转动听。蔷薇：一种植物，花有红、黄、白等色，有芳香。❹尽日：整天。❺红衣：彩色羽毛。

解说

菱叶从浮萍中伸出来，就像水面上铺着一块绿色的锦缎，夏日里的黄莺在蔷薇丛中宛转地鸣叫。整天都没有人来欣赏这烟雨蒙蒙的景色，只有一对鸳鸯在水池里互相梳理着美丽的羽毛。这是一首写景诗，通过对多种颜色的组合，描绘出一幅色彩艳丽、优美恬静的夏季池塘图。最后一句暗示了诗人的孤独和寂寞，却没有道破，含蓄而巧妙。

明吴振武绘《荷花鸳鸯图》

chì bì
赤壁[1]

杜牧

zhé jǐ chén shā tiě wèi xiāo　　zì jiāng mó xǐ rèn qián cháo
折戟沉沙铁未销[2]，自将磨洗认前朝[3]。
dōng fēng bù yǔ zhōu láng biàn　　tóng què chūn shēn suǒ èr qiáo
东风不与周郎便[4]，铜雀春深锁二乔[5]。

注释

❶赤壁：地名，在今湖北省赤壁市西赤矶山。三国时孙刘联军用火攻大败曹军，史称“赤壁之战”。❷折戟：折断的戟。这里指残留的兵器。销：锈蚀。❸自将：自己拿起。❹周郎：指周瑜。❺铜雀：即铜雀台。曹操所建，位于今河北省临漳县西。二乔：吴国乔公的两个女儿，大乔嫁孙策，小乔嫁周瑜。

解说

折断的铁戟沉没在泥沙中没有锈蚀，将它磨洗干净，还能辨认出是三国时期的遗物。当年赤壁之战，如果不是东南风给了周瑜便利的话，恐怕春光明媚的铜雀台早就成为幽禁大乔和小乔的地方了。这是一首咏史怀古诗，作者由埋在沙滩的断戟联想到历史上的赤壁之战，引发无限感慨，抒写了胸中抑郁不平之气。

清费丹旭绘杜牧《赤壁》“铜雀春深锁二乔”诗意图（局部）

泊秦淮①

bó qín huái

杜 牧

yān lǒng hán shuǐ yuè lǒng shā　yè bó qín huái jìn jiǔ jiā
烟笼寒水月笼沙②，夜泊秦淮近酒家。

shāng nǚ bù zhī wáng guó hèn　gé jiāng yóu chàng hòu tíng huā
商女不知亡国恨③，隔江犹唱后庭花④。

注释

❶泊：停船靠岸。秦淮：秦淮河，在今江苏省南京市。❷笼：笼罩。❸商女：歌女。❹后庭花：即《玉树后庭花》，据说是南朝荒淫误国的陈后主所作的乐曲，后常用来指亡国之音。

解说

烟雾笼罩着寒水，月光笼罩着沙岸，夜色中把船停泊在秦淮河边靠近酒家的地方。歌女们一点儿也不知道什么是亡国之恨，隔江还能听到她们在唱亡国之音《玉树后庭花》。这是一首写景咏怀诗，通过夜泊秦淮的所见所闻，委婉地讽刺那些以听亡国之音取乐的官绅们，提醒人们吸取陈后主因荒淫而亡国的历史教训，表达了诗人对国家前途的担忧。

清王翚等绘《康熙南巡图》中的江宁府秦淮河景观

shān xíng

山行❶

杜牧

yuǎn shàng hán shān shí jìng xié　　bái yún shēng chù yǒu rén jiā

远上寒山石径斜❷，白云生处有人家❸。

tíng chē zuò ài fēng lín wǎn　　shuāng yè hóng yú èr yuè huā

停车坐爱枫林晚❹，霜叶红于二月花。

注释

❶山行：在山中行走。❷寒山：深秋的山。❸白云生处：白云飘浮的山的深处。❹坐：因为。晚：晚景。

解说

通往深秋寒山的小路蜿蜒曲折，没想到白云飘浮的地方还住有人家。停车下来，是因为我喜欢这里的枫林晚景，那被霜打过的枫叶比二月的春花还要红艳。这首诗描写秋天的瑰丽景色，作者勾勒出一幅幽深寂静、浓淡相映的山林秋色图，歌颂了大自然的秋色之美。第四句是全诗的点睛之笔，让人感到秋光胜于春光，饱含丰富的人生哲理。

明周臣绘《枫林停车图轴》（局部）

qiū xī
秋 夕❶

杜 牧

yín zhú qiū guāng lěng huà píng qīng luó xiǎo shàn pū liú yíng
银烛秋光冷画屏❷，轻罗小扇扑流萤❸。
tiān jiē yè sè liáng rú shuǐ zuò kàn qiān niú zhī nǚ xīng
天阶夜色凉如水❹，坐看牵牛织女星❺。

注释

❶秋夕：指七夕，农历七月七日的晚上。❷银烛：白色的蜡烛。画屏：有画的屏风。❸罗：质地稀疏的丝织品。流萤：飞动的萤火虫。❹天阶：皇宫的玉石台阶。❺牵牛织女星：牵牛、织女是星名，分别代表神话传说中的牛郎和织女，两人相爱，遭王母反对，只允许每年七夕相会一次。

解说

白色蜡烛和秋夜月光映照在画屏上，显得那么清冷，宫女们手拿轻罗小扇扑打飞来飞去的萤火虫。皇宫的玉石台阶前，夜色凉如水，宫女们坐在台阶上，遥望天上的牛郎织女星。这是一首宫怨诗，措辞流丽，写景逼真，通过对秋夜景色和宫女动作的描写，反映了宫女的无聊和幽怨，含蓄地表达了她们对美好爱情的真挚向往。

清钱慧安绘杜牧《秋夕》诗意图

qīng míng
清明❶

杜 牧

qīngmíng shí jié yǔ fēn fēn lù shàng xíng rén yù duàn hún
清明时节雨纷纷❷，路上行人欲断魂❸。
jiè wèn jiǔ jiā hé chù yǒu mù tóng yáo zhǐ xìng huā cūn
借问酒家何处有❹，牧童遥指杏花村❺。

注释

❶清明：清明节，农历二十四节气之一。清明时节人们有到郊外踏青扫墓的习俗。❷纷纷：形容雨连绵不断。❸断魂：形容十分伤心悲戚。❹借问：请问。❺杏花村：杏花深处的村庄，这里泛指酒家。

清沈兆涵绘杜牧《清明》“借问酒家何处有，牧童遥指杏花村”诗意图

解说

清明时节春雨连绵不断，路上的行人个个伤心悲戚。请问哪里有酒店可以买酒浇愁，牧童伸手指向远处盛开着杏花的村庄。这首诗写清明节行人外出遇雨的情景，语言通俗，意境含蓄，行人心理刻画细致入微，具有极好的艺术审美效果。

jì yáng zhōu hán chuò pàn guān
寄扬州韩绰判官❶

杜 牧

qīng shān yǐn yǐn shuǐ tiáo tiáo qiū jìn jiāng nán cǎo wèi diāo
青山隐隐水迢迢❷，秋尽江南草未凋❸。

èr shí sì qiáo míng yuè yè yù rén hé chù jiāo chuī xiāo
二十四桥明月夜❹，玉人何处教吹箫❺？

注释

❶韩绰：人名。判官：唐代节度使、观察使等幕府中掌管文书事物的官。❷隐隐：隐隐约约的样子。迢迢：形容路途遥远。❸凋：凋零，指草木枯死。❹二十四桥：唐朝时扬州城有二十四座桥。❺玉人：比喻美貌的人，这里指韩绰。

解说

青山若隐若现，绿水奔向远方；虽然已是深秋，江南的草木还未凋零。明月映照下的二十四桥多么令人难忘，不知今夜你在什么地方教歌妓们吹箫取乐呢？这是作者离开江南后写给好友的一首诗，表现了诗人怀念江南、怀念故人的情感。全诗意境优美，语言简洁，虽未直接抒情，却意味蕴藉，行笔空灵。

清费丹旭绘《月下吹箫图》

清上官周绘《晚笑堂画传》中的温庭筠画像

作者简介

温庭筠（？~866）：唐代诗人、词人。字飞卿，太原（今山西太原西南）人。其诗辞藻华丽，多写个人际遇，对时政也有所反映。词多写闺情，风格秾艳。其诗与李商隐齐名，称“温李”。词则与韦庄并称“温韦”。又工骈文，与李商隐、段成式齐名。

shāngshān zǎo xíng

商山早行[1]

温庭筠

chén qǐ dòngzhēng duó kè xíng bēi gù xiāng
晨起动征铎[2]，客行悲故乡。

jī shēng máo diàn yuè rén jì bǎn qiáo shuāng
鸡声茅店月，人迹板桥霜。

hú yè luò shān lù zhǐ huā míng yì qiáng
槲叶落山路[3]，枳花明驿墙[4]。

yīn sī dù líng mèng fú yàn mǎn huí táng
因思杜陵梦[5]，凫雁满回塘[6]。

天津杨柳青年画《鸡声茅店月》，描绘温庭筠《商山早行》“鸡声茅店月，人迹板桥霜”诗意

注释

❶商山：也叫楚山，在今陕西省商洛市东南。❷铎：悬挂在车马上的铃铛。❸槲：一种落叶乔木。❹枳：一种灌木，春末开白色花。驿：驿站，古时供传递政府文书的人员或马匹中途休息、住宿的地方。❺杜陵：汉宣帝的陵墓，这里借指长安。❻凫：野鸭。回塘：沿岸曲折的池塘。

解说

清晨驿店外传来车马行进的铃铛声，人在旅途难免时常思念故乡。鸡叫声从月下的茅草屋中传出，人的足迹印在铺满白霜的桥上。枯黄的槲叶飘落在山路上，雪白的枳树花开放在驿店的墙角边。忆起昨夜梦里回到故乡长安，也许远道归来的野鸭和大雁已经挤满了沿岸曲折的池塘。这首诗写作者早行所见到的景色，形象地勾勒出一幅山村清晨图画，也真切地反映了行人在旅途中的思乡之情。三、四句极富特色，选取六种有特征的典型景物，用名词组成的诗句写出了早行的特有景色，历来脍炙人口，广为传诵。

清袁耀绘温庭筠《商山早行》“鸡声茅店月，人迹板桥霜”诗意图

xián yáng zhí yǔ

咸阳值雨❶

温庭筠

xiányángqiáoshàng yǔ rú xuán wàndiǎnkōngméng gé diàochuán

咸阳桥上雨如悬❷，万点空蒙隔钓船❸。

hái sì dòng tíng chūn shuǐ sè xiǎo yún jiāng rù yuè yáng tiān

还似洞庭春水色，晓云将入岳阳天❹。

注释

❶值：恰逢，遇。❷咸阳桥：又名便桥，在长安北门外的渭水之上。悬：悬挂。这里指雨如同悬挂的帘子。❸空蒙：雨雾迷茫的样子。❹晓：天亮，早晨。岳阳：在湖南洞庭湖东。

解说

咸阳桥上细雨纷纷，如同帘子悬挂在空中；透过迷茫的雨帘，看到江中有渔翁在船上垂钓。这景象就像洞庭湖的春光水色，连清晨雨后的云彩也会飘向岳阳城的天空。这是一首雨中即景之作，把咸阳桥上雨中所见景致写得富于质感和美感。尤其后两句联想奇特，借洞庭湖畔的水色云天来烘托咸阳城雨景，意境壮阔，生动传神。

清查士标绘《雨山独钓图》

作者简介

陈陶：唐代诗人。字嵩伯，自称三教布衣。曾游学长安，后隐居南昌西山。长于乐府，《陇西行》写征戍之苦，为世传诵。

lǒng xī xíng

陇西行❶

陈 陶

shì sǎo xiōng nú bú gù shēn　wǔ qiān diāo jǐn sàng hú chén
誓扫匈奴不顾身❷，五千貂锦丧胡尘❸。
kě lián wú dìng hé biān gǔ　yóu shì chūn guī mèng lǐ rén
可怜无定河边骨❹，犹是春闺梦里人❺。

注释

❶陇西行：乐府旧题。陇西：陇山以西，指今甘肃等地。❷匈奴：北方民族，汉朝时常犯边侵扰。这里借指侵犯边境的异族。❸貂锦：汉代皇帝的羽林军穿貂裘锦衣，这里借指精锐部队。胡尘：与外族作战时荡起的烟尘，指边地的战场。❹无定河：黄河中游支流，在今陕西省北部。❺春闺：这里指年轻少妇。

解说

将士们誓死扫除外敌，个个奋不顾身，结果五千精兵强将都战死沙场。可怜无定河边的堆堆白骨，还是他们妻子梦中思念的亲人。这首诗通过描绘慷慨悲壮的战争场面以及将士们战死沙场，而妻子还在盼望他们早日归来的场景，反映了唐代长期边塞战争给百姓带来的痛苦和灾难，寄寓了诗人对戍边将士的同情。

清费丹旭绘《仕女图扇面》

作者简介 李商隐（约813~约858）：唐代诗人。字义山，号玉谿生，怀州河内（今河南沁阳）人。其诗对当时藩镇割据、宦官擅权和时政弊端多有反映，“无题”诗脍炙人口。长于律、绝，富于文采，构思精密，情致婉曲，具有独特风格。与杜牧并称“小李杜”，又与温庭筠并称“温李”。

shuāng yuè
霜　月

李商隐

chū wén zhēng yàn yǐ wú chán　bǎi chǐ lóu gāo shuǐ jiē tiān
初闻征雁已无蝉❶，百尺楼高水接天。
qīng nǚ sù é jù nài lěng　yuè zhōng shuāng lǐ dòu chán juān
青女素娥俱耐冷❷，月中霜里斗婵娟❸。

注释

❶征雁：旅途中的大雁。雁是候鸟，大概在农历八月天气转冷时飞向南方，二月天气转暖又飞回北方。已无蝉：到了八月，天气冷了，没有蝉叫了。❷青女：青霄玉女，神话中的霜神。素娥：传说中的月宫嫦娥。据说是后羿的妻子，后羿得到王母娘娘的不死药，被她偷吃，她怕后羿惩罚，逃到月宫。❸斗：比赛。婵娟：这里指女子姿容美好。

清沙馥绘李商隐《霜月》“月中霜里斗婵娟”诗意图

解说

刚听到南飞大雁的叫声，就听不到蝉鸣了，登上百尺高楼远望，水和天仿佛连在一起似的。霜神青女和月宫嫦娥都不怕寒冷，她们正在月宫和霜雪里争美斗艳呢！这首诗描绘深秋季节霜月交辉的景色，抓住秋天的景色特点，通过拟人的手法，写霜神、嫦娥争美斗艳，从而使清冷寂静的秋夜充满了生机。

lè yóu yuán

乐游原❶

李商隐

xiàng wǎn yì bú shì　　qū chē dēng gǔ yuán

向晚意不适❷，驱车登古原❸。

xī yáng wú xiàn hǎo　　zhǐ shì jìn huáng hūn

夕阳无限好，只是近黄昏。

注释

❶乐游原：唐代著名的游览地，在长安城南，为汉宣帝时所建。本为一处庙苑，因较宽敞，故称为“原”。❷向晚：傍晚。意：心绪，心情。❸驱车：古代以畜力拉车，所以乘车称驱。古原：指乐游原。

解说

傍晚的时候我心情不佳，于是赶着马车登上了乐游原。快要落山的太阳无限美好，只可惜已经接近黄昏时分。这首诗写作者傍晚登乐游原的所见所感，诗人借景抒情，通过对夕阳西下的感叹，表达出一种富有哲理意味的伤感，也反映了诗人在政治上受挫后的悲观失望之情。

清马骀绘李商隐《乐游原》诗意图

yè yǔ jì běi

夜雨寄北❶

李商隐

jūn wèn guī qī wèi yǒu qī, bā shān yè yǔ zhǎng qiū chí

君问归期未有期，巴山夜雨涨秋池❷。

hé dāng gòng jiǎn xī chuāng zhú, què huà bā shān yè yǔ shí

何当共剪西窗烛❸，却话巴山夜雨时。

清王素绘《红袖添香图》

注释

❶寄北：寄给在北方（长安）的妻子。诗人此时在巴蜀（四川）。❷巴山：又叫大巴山，在陕西、重庆两省边界。❸剪：指剪去烧焦的烛心，使烛光明亮。

解说

你问我什么时候回家，我自己也不知道，今夜巴山的雨下得很大，秋水涨满了池塘。什么时候才能和你一起坐在西窗下共剪烛花，到那时再诉说巴山雨夜对你的思念之情。这首诗围绕回家不能确定时间的心态、情景展开描写，表现了诗人客居异地的孤寂和对妻子的思念之情，诗作构思奇巧，言浅而意深，语短而情浓，读来令人回味无穷。

sù luò shì tíng jì huái cuī yōng cuī gǔn

宿骆氏亭寄怀崔雍崔衮❶

李商隐

zhú wù wú chén shuǐ jiàn qīng　xiāng sī tiáo dì gé chóng chéng

竹坞无尘水槛清❷，相思迢递隔重城❸。

qiū yīn bú sàn shuāng fēi wǎn　liú dé kū hé tīng yǔ shēng

秋阴不散霜飞晚❹，留得枯荷听雨声。

注释

❶骆氏亭：地址不详。崔雍崔衮：崔雍、崔衮是李商隐表叔崔戎的两个儿子，李商隐的从表兄弟。❷竹坞：有竹林环绕的屋舍。水槛：近水有栏杆的亭台。❸迢递：遥远。重城：一座座城。❹秋阴：秋天的阴云。

解说

竹林环绕的屋舍一尘不染，临水的骆氏亭更是清静；尽管隔着一座座城，此时仍不由得思念起你们。深秋的阴云不肯散去，寒霜也来得很晚，只听到冷雨打在枯荷上的声音。这首诗为作者告别崔氏兄弟后于途中所作，通过描写秋亭夜雨的清幽景色，表达了对崔氏兄弟的深深思念之情。全诗情景交融，写情入微，蕴含着一种特有的意境与神韵。

近代金城绘《竹林幽居图》

wú tí

无题

李商隐

xiāng jiàn shí nán bié yì nán, dōng fēng wú lì bǎi huā cán

相见时难别亦难，东风无力百花残。

chūn cán dào sǐ sī fāng jìn, là jù chéng huī lèi shǐ gān

春蚕到死丝方尽，蜡炬成灰泪始干[1]。

xiǎo jìng dàn chóu yún bìn gǎi, yè yín yīng jué yuè guāng hán

晓镜但愁云鬓改[2]，夜吟应觉月光寒。

péngshān cǐ qù wú duō lù, qīng niǎo yīn qín wèi tàn kàn

蓬山此去无多路[3]，青鸟殷勤为探看[4]。

注释

❶蜡炬：蜡烛。泪：蜡烛燃烧时淌下的烛油。❷云鬓改：如云的鬓发变白或变疏，意为青春容颜逐渐消失。❸蓬山：即蓬莱山，海外神山，指对方住处。❹青鸟：神话中的鸟，是西王母的使者，这里借指传递消息的人。

南宋苏汉臣绘《妆靓仕女图》（局部）

解说

相见很难，离别时更是难舍难分；何况春风无力再吹，百花都已凋残。春蚕只有到死蚕丝方能吐完，蜡烛只有燃烧成灰烛泪才会流干。清晨对镜梳妆，发现云鬓已经变疏变白，远方的你在月下吟诗，应该觉得寂寞清寒。从这里到蓬莱仙山并不遥远，就派那殷勤的青鸟为我们传递探望的信函吧！这是一首爱情诗，前四句写被迫分离的伤感，后四句写离别后的相思。诗文运用谐音、双关、比喻和拟人等手法，表现刻骨铭心和至死不渝的爱情，写得哀婉动人，表达了恋人间离别的凄苦与绵绵的思念，是历代传诵的佳作。

锦瑟[1]

李商隐

jǐn sè wú duān wǔ shí xián, yì xián yí zhù sī huá nián
锦瑟无端五十弦，一弦一柱思华年[2]。
zhuāng shēng xiǎo mèng mí hú dié, wàng dì chūn xīn tuō dù juān
庄生晓梦迷蝴蝶[3]，望帝春心托杜鹃[4]。
cāng hǎi yuè míng zhū yǒu lèi, lán tián rì nuǎn yù shēng yān
沧海月明珠有泪[5]，蓝田日暖玉生烟[6]。
cǐ qíng kě dài chéng zhuī yì, zhǐ shì dāng shí yǐ wǎng rán
此情可待成追忆，只是当时已惘然[7]。

注释

❶锦瑟：装饰华美的瑟，据说古瑟有五十弦。❷柱：乐器上用来支弦的小柱子。❸庄生：庄周，他说自己在梦中化为蝴蝶，醒后却不知道是庄周梦化蝴蝶，还是蝴蝶梦化庄周。❹望帝：传说中的古蜀王杜宇，死后灵魂变成杜鹃鸟，暮春苦啼，口中含血，哀怨动人。❺珠有泪：传说海底鲛人的泪能变珍珠。❻蓝田：山名，出产玉，在陕西蓝田东南。❼惘然：失意的样子。

元刘贯道绘《庄周梦蝶图》

解说

装饰华美的瑟无缘无故地有五十根弦，那一弦一柱都不禁使我想起青春年华的重重往事。庄周在破晓时的梦中化作蝴蝶翩翩起舞，望帝将伤春时的悲痛寄托于杜鹃的哀啼。月照沧海，鲛人的泪凝为珍珠；蓝田日暖，美玉好像环绕着轻烟。这般情景此刻只能追忆，而当年我就已茫然若失。这是李商隐最负盛名的代表作，是作者晚年为回忆过去而作，铺排用典，联想丰富，字句华美，境界朦胧，抒发了诗人无限怅惘的感慨，颇耐人寻味。

cháng é
嫦娥❶

李商隐

yún mǔ píng fēng zhú yǐng shēn cháng hé jiàn luò xiǎo xīng chén
云母屏风烛影深❷，长河渐落晓星沉❸。
cháng é yīng huǐ tōu líng yào bì hǎi qīng tiān yè yè xīn
嫦娥应悔偷灵药❹，碧海青天夜夜心。

注释

❶嫦娥：古代传说月宫中的仙子。❷云母：一种矿物，颜色透明，有光泽，常用来做车或屏风的装饰。❸长河：天河，银河。晓星：早晨的残星。❹偷灵药：传说嫦娥偷吃了丈夫后羿的仙丹，飞到月宫，成为仙人。

解说

烛影深深，映照着华丽的云母屏风，银河渐渐隐没，晨星寥落。嫦娥一定为当年偷吃灵药而后悔，面对碧海青天，日夜思念着人间。这首诗通过描写空寂清冷的景色，反映出诗人落寞的心境。后两句由望月引发出奇妙联想，虽写嫦娥，却把诗人处境孤寂的心灵感受表露无遗。

佚名绘《月宫图》

作者简介

赵嘏：唐代诗人。字承佑，楚州山阳（今江苏淮安）人。诗风清圆流畅，格律工稳，与杜牧、许浑颇相近。所作“残星几点雁横塞，长笛一声人倚楼”二句，为杜牧所激赏，称“赵倚楼”。

jiāng lóu gǎn jiù

江楼感旧

赵 嘏

dú shàng jiāng lóu sī miǎo rán　yuè guāng rú shuǐ shuǐ rú tiān

独上江楼思渺然[1]，月光如水水如天[2]。

tóng lái wàng yuè rén hé chù　fēng jǐng yī xī sì qù nián

同来望月人何处？风景依稀似去年[3]。

清马骀绘赵嘏《江楼感旧》诗意图

注释

❶渺然：悠远的样子。❷水如天：指天空倒映水中，与水融为一体，难以分辨。❸依稀：仿佛，好像。

解说

独自登上江边高楼，思绪飘向远方，如水的月光照在江面上，天水连成一片，难以分辨。去年同来赏月的人如今又在哪里？只有眼前的景物仿佛还是去年的样子。这首诗写诗人独登高楼怀念去年同游旧友的伤感之情，意蕴深远，诗味醇美。第二句采用叠字回环技巧，带人进入优美恬静的意境，是写月光和水色的佳句。

作者简介 高骈（821～887）：唐末幽州（今北京西南）人，字千里。世为禁军将领，曾任秦州刺史、天平军节度使，唐僖宗时任淮南节度使。后因信神仙，重用方士，将士离心，为部将囚杀。能诗，善书法。

shān tíng xià rì

山亭夏日

高 骈

lǜ shù yīn nóng xià rì cháng， lóu tái dào yǐng rù chí táng

绿树阴浓夏日长，楼台倒影入池塘。

shuǐ jīng lián dòng wēi fēng qǐ， mǎn jià qiáng wēi yí yuànxiāng

水精帘动微风起❶，满架蔷薇一院香❷。

注释

❶水精帘：整个水面如同一挂水晶做成的帘子。❷蔷薇：落叶乔木，花白或淡红色，有芳香。

解说

绿树遮日，遍地浓荫，夏天白昼漫长，楼台的影子倒影在池塘里。微风拂过，整个水面如同水晶帘一样轻轻摇晃，满架的蔷薇花也散发出浓郁的馨香。这首诗描写夏日风光，作者捕捉住一些不易觉察的细节，传神地描绘了夏日山亭的清幽与宁静，反映出诗人悠闲自在的心境。

清张崟绘《山静日长图》（局部）

作者简介 韦庄（约836~910）：五代前蜀诗人、词人。字端己，长安杜陵（今陕西西安东南）人。早年所作长诗《秦妇吟》，在当时颇有名。其词语言清丽，多写闺情离愁和游乐生活，在《花间集》中较有特色。与温庭筠齐名，并称“温韦”。

sòng rì běn guó sēng jìng lóng guī

送日本国僧敬龙归❶

韦庄

fú sāng yǐ zài miǎomángzhōng　jiā zài fú sāngdōnggèngdōng

扶桑已在渺茫中❷，家在扶桑东更东。

cǐ qù yǔ shī shuí gòng dào　yì chuánmíng yuè yì fān fēng

此去与师谁共到❸？一船明月一帆风。

注释

❶敬龙：日本僧人，晚唐时曾到唐朝学佛求经。❷扶桑：传说在东方极远的地方有一个叫扶桑的国家，相传是太阳升起的地方。后也称日本为“扶桑”。渺茫：远而空荡的样子。❸师：对敬龙和尚的尊称。

解说

扶桑在烟波浩渺的远方，而你的家却还在扶桑更东的地方。法师将同谁一道乘船回家呢？我想大概只有一船明月和一帆清风吧！这是一首送日本和尚回国的诗，诗人以富有诗意的方式，表达了对日本友人的诚挚友谊和良好祝愿。

清钱维城绘《江阁远帆图》

tái chéng

台城❶

韦庄

jiāng yǔ fēi fēi jiāng cǎo qí，liù cháo rú mèng niǎo kōng tí。
江雨霏霏江草齐❷，六朝如梦鸟空啼❸。
wú qíng zuì shì tái chéng liǔ，yī jiù yān lǒng shí lǐ dī。
无情最是台城柳，依旧烟笼十里堤❹。

注释

❶台城：古代建康宫旧址，在今南京市玄武湖边。从东晋到南朝，这里一直是皇宫所在地。到了唐末，这里已荒废不堪。❷霏霏：雨下得细而密的样子。❸六朝：指吴、东晋、宋、齐、梁、陈六个朝代，均建都在建康。❹烟笼：柳枝摇曳，柳絮纷飞，远远望去如烟似雾，笼罩江堤。

清马骀绘韦庄《台城》诗意图

解说

江南的春雨绵绵，绿草如茵，回想起六朝一个个都已衰亡，恍如在梦中一般，树上的鸟儿只能徒然而叫。最无情的是台城的柳树，它们不管人间的兴亡盛衰，依旧在烟雾笼罩的十里长堤上随风摇曳。这是一首凭吊六朝古迹的诗，通过悼古，寓含了对当今形势的伤感之情。

作者简介

金昌绪：生卒年不详。唐余杭（钱塘）（今浙江杭州）人，身世不可考，诗作仅《春怨》一首传世。

chūn yuàn
春怨

金昌绪

dǎ qǐ huángyīng ér
打起黄莺儿❶，

mò jiào zhī shàng tí
莫教枝上啼。

tí shí jīng qiè mèng
啼时惊妾梦，

bù dé dào liáo xī
不得到辽西❷。

注释

❶打起：赶走。黄莺：即黄鹂，叫声动听。❷辽西：辽河以西，在今辽宁省西部。这里指妇女丈夫戍守的地方。

解说

快赶走树上的黄莺，不要让它在枝头啼叫。这叫声会把我从梦中惊醒，我就不能梦中去见在辽西戍边的丈夫了。这首诗写女子思念戍边在外的丈夫，以责怪黄莺惊了好梦为题材，采用层层倒叙，句间环环相扣，虽表意曲折，却真切感人，颇耐人寻味。

清王学浩绘金昌绪《春怨》诗意图

作者简介

崔道融：唐代诗人，自号东瓯散人。荆州江陵（今湖北江陵）人。擅长作诗，与司空图、方干结为诗友。存诗80首，皆为绝句。

牧竖❶
(mù shù)

崔道融

mù shù chí suō lì　　féng rén qì ào rán
牧竖持蓑笠❷，逢人气傲然❸。
wò niú chuī duǎn dí　　gēng què bàng xī tián
卧牛吹短笛，耕却傍溪田。

明黄凤池编《唐诗画谱》中的崔道融《牧竖》诗意图

注释

❶牧竖：牧童。❷蓑笠：蓑衣和笠帽。❸气傲然：神气十足的样子。

解说

牧童手拿蓑衣和笠帽，遇到外人就装出神气的样子。放牧时，他在牛背上吹短笛，耕田时，他靠在田头等待。这首诗乡土气息浓厚，语言朴素，格调活泼，牧童的形象尤其惹人喜爱。

作者简介

郑谷：唐代诗人。字守愚，宜春（今属江西）人。其诗多写景咏物之作，表现士人的闲情逸致。风格清新通俗，但流于浅切。曾与许棠、张乔等唱和往还，号“咸通十哲”。

huái shàng yǔ yǒu rén bié
淮上与友人别❶

郑 谷

yáng zǐ jiāng tóu yáng liǔ chūn，yáng huā chóu shā dù jiāng rén
扬子江头杨柳春，杨花愁杀渡江人。

shù shēng fēng dí lí tíng wǎn，jūn xiàng xiāo xiāng wǒ xiàng qín
数声风笛离亭晚❷，君向潇湘我向秦❸。

注释

❶淮上：指扬州。❷离亭：古代设在路旁的亭子，古人常在亭中送别，所以称为离亭。❸潇湘：潇水和湘水，都在湖南境内，这里代指南方。秦：在今陕西一带，代指北方。

解说

扬子江畔杨柳迎春风，我看见杨花飞扬却分外忧愁。黄昏的时候，我们在离亭分别，你要到南方去，而我却要到北方去，不知何时才能相见。这首诗凄凉哀怨，十分感人，表达了诗人与朋友难舍难分的惜别之情。

明文伯仁绘《秋浦送别图》

作者简介 杜荀鹤（846～904）：唐代诗人。字彦之，号九华山人，池州石埭（今安徽石台）人。其诗晓畅清逸，语言通俗，对唐末社会动乱及民生疾苦多有反映。

sòng rén yóu wú

送人游吴

杜荀鹤

jūn dào gū sū jiàn　rén jiā jìn zhěn hé
君到姑苏见❶，人家尽枕河。

gǔ gōng xián dì shǎo　shuǐ gǎng xiǎo qiáo duō
古宫闲地少❷，水港小桥多。

yè shì mài líng ǒu　chūn chuán zài qǐ luó
夜市卖菱藕，春船载绮罗❸。

yáo zhī wèi mián yuè　xiāng sī zài yú gē
遥知未眠月，乡思在渔歌。

注释

❶姑苏：即苏州。❷古宫：春秋时吴国都城，唐时古宫遗址已建满民屋，所以称“古宫闲地少”。❸绮罗：原指织有花纹的丝绸，这里指穿着华丽衣服的人。

清徐扬绘《姑苏繁华图》（局部）

解说

你到吴地就可以看到，家家户户的房子都是沿河建筑的。城里已经没有多少空闲的地方，而那河上的小桥却相当的多。夜市里卖的是菱和藕，春天的游船上坐的是身穿华丽衣服的人。我知道你在月明之夜难以入眠，会将思念故乡的心情寄托在渔歌上。这首送别诗通过想象描绘了吴地的风光民情，毫无离别时的伤感情绪，格调清新活泼，可以说是诗中有画，画中有诗。

作者简介

王驾（851～？）：晚唐诗人。字大用，自号守素先生，河中（今山西永济）人。与郑谷、司空图友善，诗风亦相近。其绝句构思巧妙，自然流畅。

shè rì
社日❶

王　驾

é hú shān xià dào liáng féi　tún zhà jī qī bàn yǎn fēi
鹅湖山下稻粱肥❷，豚栅鸡栖半掩扉❸。
sāng zhè yǐng xié chūn shè sàn　jiā jiā fú dé zuì rén guī
桑柘影斜春社散，家家扶得醉人归。

注释

❶社日：古时农村春分前后祭社神（土地神）和五谷神的日子。❷鹅湖山：在今江西铅山县内。❸豚：猪。鸡栖：鸡舍。扉：门扇。

解说

鹅湖山下稻粱长势喜人，院子里猪圈、鸡舍的门半开着。当斜阳照在桑柘树上的时候，春社已经结束，家家都扶着喝醉的人回来了。这首诗描写江南社日，没有一个字正面写社日活动的情景，而是通过侧面细节描写来展现社日景象，表现社日的欢乐，读后令人回味深长。

清钱慧安绘王驾《社日》诗意图

图书在版编目（CIP）数据

典藏版《少儿国学馆》（第4辑）：全4册 / 文景编著. — 北京：中国人口出版社，2017.4

ISBN 978-7-5101-4958-0

Ⅰ. ①典… Ⅱ. ①文… Ⅲ. ①国学－少儿读物 Ⅳ.①Z126-49

中国版本图书馆CIP数据核字(2017)第024324号

典藏版少儿国学馆

（唐诗 宋词 古文观止 笠翁对韵）

文景 编著

出版发行	中国人口出版社
印　　刷	小森印刷（北京）有限公司
开　　本	710毫米×1000毫米　1/16
印　　张	48
字　　数	600千字
版　　次	2017年4月第1版
印　　次	2017年5月第1次印刷
书　　号	ISBN　978-7-5101-4958-0
定　　价	188.00元

社　　长	邱　立
网　　址	www.rkcbs.net
电子信箱	rkcbs@126.com
总编室电话	(010)83519392
发行部电话	(010)83534662
传　　真	(010)83538190
地　　址	北京市西城区广安门南街80号中加大厦
邮政编码	100054